Dados Internacionais de Catalogação na Publicação (CIP)
(Câmara Brasileira do Livro, SP, Brasil)

Hanh, Thich Nhat, 1926-
  Sem morrer, sem temer : sabedoria confortante para
a vida / Thich Nhat Hanh ; tradução Maria Goretti Rocha
de Oliveira. – Petrópolis, RJ : Vozes, 2020.

  Título original: No death, no fear : comforting wisdom for life
  Bibliografia.
  ISBN 978-65-5713-069-8

  1. Autoconhecimento 2. Felicidade 3. Meditações budistas
4. Vida espiritual – Budismo I. Título.

20-38156   CDD-294.3443

Índices para catálogo sistemático:
1. Meditações budistas   294.3443

Maria Alice Ferreira – Bibliotecária – CRB-8/7964

THICH NHAT HANH

SABEDORIA CONFORTANTE
PARA A VIDA

Tradução de
Maria Goretti Rocha de Oliveira

Petrópolis

© 2002 by Thich Nhat Hanh
Edição publicada mediante contrato realizado com Riverhead Books, um selo da Penguin Publishing Group, uma divisão da Penguin Random House LLC.

Título do original em inglês: *No Death, No Fear – Comforting Wisdom for Life*

Direitos de publicação em língua portuguesa – Brasil:
2020, Editora Vozes Ltda.
Rua Frei Luís, 100
25689-900 Petrópolis, RJ
www.vozes.com.br
Brasil

Todos os direitos reservados. Nenhuma parte desta obra poderá ser reproduzida ou transmitida por qualquer forma e/ou quaisquer meios (eletrônico ou mecânico, incluindo fotocópia e gravação) ou arquivada em qualquer sistema ou banco de dados sem permissão escrita da editora.

CONSELHO EDITORIAL

Diretor
Gilberto Gonçalves Garcia

Editores
Aline dos Santos Carneiro
Edrian Josué Pasini
Marilac Loraine Oleniki
Welder Lancieri Marchini

Conselheiros
Francisco Morás
Ludovico Garmus
Teobaldo Heidemann
Volney J. Berkenbrock

Secretário executivo
João Batista Kreuch

Editoração: Leonardo A.R.T. dos Santos
Diagramação: Sheilandre Desenv. Gráfico
Revisão gráfica: Alessandra Karl
Capa: Janet Hansen
Caligrafia baseada em obras originais de Thich Nhat Hanh
Adaptação para a edição brasileira: Érico Lebedenco

ISBN 978-65-5713-069-8 (Brasil)
ISBN 978-1-57322-333-1 (Estados Unidos)

Editado conforme o novo acordo ortográfico.

Este livro foi composto e impresso pela Editora Vozes Ltda.

Sumário

Prefácio, 7

Um – De onde viemos? Para onde vamos?, 13

Dois – O medo real, 27

Três – A prática de contemplar profundamente, 45

Quatro – Transformando o luto e o medo, 62

Cinco – Novos começos, 93

Seis – O endereço da felicidade, 103

Sete – Manifestações contínuas, 117

Oito – Medo, aceitação e perdão: a prática de Tocar a Terra, 130

Nove – Acompanhando o doente terminal, 167

Prefácio

Um dia, durante o almoço, o meu pai me disse: "A última vez que eu vi meu pai, ele estava num cesto na sala de estar". Nós estávamos jantando juntos sentados ao ar livre num restaurante mexicano em Key West, na Flórida. Ele levantou o olhar do prato de feijão e arroz e continuou. "Meu pai era um trabalhador. Ele era padeiro e trabalhava na cooperativa no centro de Fitchburg, na Rua Leominster".

"Conte-me sobre a morte do seu pai", eu disse.

"Não sei de nada", respondeu.

"O que as pessoas falaram?"

"Ninguém nunca falou coisa alguma. E eu nunca perguntei." Ele retornou ao silêncio que eu conhecia tão bem.

* * *

A Igreja do Sagrado Coração fica a duas quadras da casa da Rua Sanborn, em West Fitchburg, Massachusetts, onde meu pai se despediu do meu avô que nunca conheci. Esse era o centro espiritual da minha família quando eu era criança. Era um refúgio da rotina diária do trabalho da fábrica, das brigas de marido e mulher, das contas não pagas e do excesso de álcool. Foi onde eu fui batizada e para onde fui enviada para minha educação espiritual. Toda segunda-feira à tarde, depois de um dia inteiro na escola pública, eu me arrastava relutantemente pela Rua Water até essa igreja para duas horas de catecismo.

Ainda me lembro do primeiro dia, sentada ao lado da minha prima Patty, com os nossos novos livros de catecismo em mãos. Enquanto duas freiras ficavam em pé diante da turma, éramos instruídos a abrir os nossos livros na página um e a memorizar três perguntas e suas três respostas:

"Quem me criou?"

"Deus criou você."

"Por que Deus me criou?"

"Para amá-lo e servi-lo."

"O que acontece quando eu morrer?"

"Você viverá para sempre com Deus no céu."

Os padres dessa igreja não tinham dúvida: minha alma é eterna e eu viverei para sempre.

Enquanto eu lia *The Boston Globe* num domingo, fiquei impressionada com um artigo sobre uma mulher enfrentando a possibilidade de um câncer terminal. A história começava. "A vida interrompida de uma jovem... Adriana Jenkins tem dúvidas sobre a existência de Deus. Ou sobre o destino." "Quando morremos", diz ela, "nós nos desfazemos em cinzas e pó". Mas ela imagina a morte com frequência – a dor, flutuando por cima, olhando para os enlutados em volta de sua cama hospitalar, um brilho de luz e finalmente o nada: "desligada como um interruptor". Esta se tornou a principal alternativa para quem a própria dúvida se transformou numa fé; quando morremos, desaparecemos, somos o nada.

O primeiro funeral de que participei foi em 1968. Foi o do pai da minha mãe, o meu avô, Sam Rameau. Desde então, por dezenas de vezes eu fiquei em pé, à beira de uma cova recém-escavada, confusa, perdida e imaginando o que pensar e o que sentir sobre a morte, perguntando a mim mesma: Será que só há realmente duas opções a considerar, a crença em uma alma eterna ou no aniquilamento?

Enquanto duvidava da crença na vida eterna e temia a ideia do aniquilamento, eu vivia com um medo embotado, uma espécie de ruído cósmico de fundo, ao longo da minha vida. Qual destas duas é a verdade: permanecer como eu por toda a eternidade ou o nada? Existe uma alma eterna e, se houver, estarei no céu ou no inferno? Entediada para sempre ou em êxtase? Sozinha ou com Deus?

Durante sua vida, Buda foi questionado muitas vezes por estudiosos e teólogos sobre as filosofias opostas do eternalismo e niilismo. Quando lhe perguntavam se havia uma alma eterna, Buda respondia que não existe um eu permanente. Quando lhe perguntavam se seremos extintos no esquecimento após a morte, o Buda dizia que não somos aniquilados. Ele rejeitava ambas as ideias.

Um querido amigo meu é um famoso biólogo marinho. Como muita gente acredita, ele também acredita que, quando morremos, somos extintos para sempre. Ele acredita que sua crença não se deva à perda de fé ou desespero, mas sim à confiança na ciência. Sua fé está no mundo natural, na beleza do universo que se desdobra ao seu redor e na capacidade dos seres humanos de entender e adquirir conhecimento desse universo.

Thich Nhat Hanh também tem uma fé constante na capacidade dos seres humanos de obter compreensão. Mas o seu objetivo vai muito além do acúmulo de conhecimento científico; é a consecução da libertação e da sabedoria pessoal profunda baseada em pura investigação. Escrevendo estas páginas a partir da sua própria experiência, Thich Nhat Hanh propõe uma alternativa impressionante às filosofias opostas de uma alma eterna e do niilismo. Ele nos diz: "Desde antes de o tempo existir, você é livre. Nascimento e morte são apenas portas pelas quais passamos, são limiares sagrados em nossa jornada. Nascer e morrer são um jogo de esconde-esconde. Você nunca nasceu e nunca pode morrer" e "nossa maior dor é causada por nossas noções de chegada e partida". Muitas e muitas vezes, ele nos convida à prática de olhar profundamente, para que possamos conhecer, por nós mesmos, a liberdade e a alegria do caminho do meio entre um eu permanente e o esquecimento. Enquanto poeta, ele explora os paradoxos da vida e, gentilmente, levanta o véu da ilusão, permitindo-nos, talvez pela primeira vez em nossas vidas, ver que nosso medo de morrer é causado por nossas próprias percepções e mal-entendidos.

Suas ideias sobre a vida e a morte são sutis e elegantes e, como todas as coisas sutis, são mais bem apreciadas lentamente, em contemplação silenciosa. Das profundezas do manancial de humanidade e compaixão de Thich Nhat Hanh, surge o bálsamo para curar os nossos corações.

Pritam Singh

UM

De onde viemos?
Para onde vamos?

Em meu eremitério na França há um pé de japônica, o marmelo japonês. Esse arbusto geralmente floresce na primavera, mas estava tão quente naquele inverno que os botões de flores chegaram antes. Durante a noite, uma onda de frio chegou trazendo consigo a geada. No dia seguinte, enquanto eu caminhava em meditação, percebi que todos os botões daquele arbusto tinham morrido. Reconheci isso e pensei: *Neste Ano-novo, não vamos ter flores suficientes para decorar o altar de Buda.*

Após algumas semanas, o tempo voltou a esquentar. Enquanto andava pelo jardim, eu vi que havia novos botões na japônica, manifestando outra geração de flores. Então perguntei às flores japônicas: "Vocês são as mesmas flores que morreram na geada ou são outras?" Elas me responderam: "Thay, nós não somos as mesmas e não somos outras. Quando há condições suficientes nós nos manifestamos e quando não há condições suficientes nós nos escondemos. É simples assim".

Foi isso o que Buda ensinou. Quando as condições são suficientes, os fenômenos se manifestam. Quando as condições deixam de ser suficientes, os fenômenos desaparecem. E esperam chegar o momento certo para se manifestarem de novo.

Antes de eu nascer, minha mãe estava grávida de outro filho. Ela teve um aborto espontâneo e aquele bebê não nasceu. Quando eu era jovem, eu ficava questionando: Será que aquele era meu irmão ou era eu? Quem estava tentando se manifestar naquele momento? Se um bebê foi abortado, isso significa que as condições não eram suficientes para o bebê se manifestar e ele decidiu se retirar para esperar por melhores condições. "Achei melhor me retirar; voltarei em breve, meu queridíssimo." Temos que respeitar a vontade dele ou dela. Se você enxerga o mundo com um olhar assim, sofrerá muito menos. Será que foi o meu irmão que a minha mãe perdeu? Ou, talvez, eu estivesse prestes a sair, mas ao invés disso eu disse: "Ainda não é a hora", então me retirei.

Transformando-se em nada

O nosso maior medo é o de quando morrer nos transformarmos em nada. Muitos de nós acreditamos que toda a nossa existência é só um período de vida, que começa no momento em que nascemos ou fomos concebidos e termina quando morremos. Acreditamos que nascemos a partir do nada e, quando morrermos, nos transformaremos em nada. Por isso vivemos cheios de medo da aniquilação.

Buda tem uma compreensão muito diferente da nossa existência. É a compreensão de que nascimento e morte são ideias. E essas ideias não são reais. O fato de pensarmos que são verdadeiras cria uma forte ilusão que causa o nosso sofrimento. Buda ensinou que não há nascimento, não há morte; não há chegada, não há partida; não há o igual, não há o diferente; não há um eu permanente nem há aniquilação. Só que pensamos que existe. Ao entendermos que não podemos ser destruídos, nós nos libertamos do medo. É um grande alívio. Podemos aproveitar a vida e apreciá-la de uma nova maneira.

Encontrando um amor perdido

O mesmo acontece quando perdemos alguém que amamos. Quando as condições são insuficientes para sustentar a vida, a pessoa se retira. Quando perdi minha mãe, sofri muito. Quando temos sete ou oito anos apenas, é difícil pensar que um dia vamos perder a nossa mãe. Um dia porventura crescemos e perdemos nossas mães, mas se soubermos praticar, quando chegar a hora da separação, não sofreremos demasiadamente. Você logo perceberá que sua mãe está sempre viva em você.

No dia em que minha mãe morreu, escrevi em meu diário: "Um grave infortúnio aconteceu em minha vida". Sofri por mais de um ano após o falecimento de minha mãe. Mas uma noite, nas montanhas do Vietnã, eu estava dormindo na cabana do meu eremitério e sonhei com minha mãe. Eu me vi sentado com ela, tendo uma conversa maravilhosa. Ela tinha uma aparência jovem e bonita, com os cabelos soltos. Era tão agradável estar ali sentado e conversando com ela, como se ela nunca tivesse morrido. Quando acordei, por volta das duas horas da manhã, tive um sentimento muito forte de nunca tê-la perdido. A impressão de que ela ainda estava comigo era muito evidente. Então entendi que a ideia de ter perdido minha mãe era apenas uma ideia. Ficou óbvio, naquele momento, que minha mãe está sempre viva em mim.

Eu abri a porta e fui lá fora. Toda a encosta da montanha estava banhada pela luz da lua. Era uma colina coberta de plantas medicinais, e a minha barraca estava armada atrás do templo na metade do caminho. Caminhando lentamente ao luar entre as fileiras de ervas medicinais, eu notei que minha mãe ainda estava comigo. Ela era a luz do luar me acariciando, como ela tinha feito tantas vezes, muito suavemente, com muita doçura... Que maravilha! Toda vez que os meus pés tocavam a terra, eu sabia que minha mãe estava comigo. Eu sabia que esse corpo não era só meu, mas uma continuação viva da minha mãe e do meu pai, dos meus avós e bisavós; e de todos os meus ancestrais. Os pés que eu via como sendo "meus" pés eram, na verdade, "nossos" pés. Juntos, minha mãe e eu estávamos deixando pegadas na terra úmida.

Daquele momento em diante, a ideia de que eu tinha perdido minha mãe deixou de existir. Tudo o que eu precisava fazer era olhar a palma da minha mão, sentir a brisa no meu rosto ou a terra sob os meus pés, para me lembrar de que minha mãe está sempre comigo, disponível a qualquer momento.

Quando você perde um ente querido, você sofre. Mas se souber contemplar profundamente, terá a oportunidade de perceber que a natureza daquela pessoa é realmente uma natureza sem nascimento e sem morte. Existe a manifestação e existe a cessação de uma manifestação, para que outra manifestação aconteça. Você tem que estar muito interessado e muito alerta para reconhecer as novas manifestações só de uma pessoa. Mas, empenhando-se na prática, você consegue fazer isso.

Então, pegue a mão de alguém que conhece a prática, e caminhem juntos em meditação. Preste atenção a todas as folhas, flores, pássaros e gotas de orvalho. Se puder parar e olhar em profundidade, você será capaz de reconhecer a pessoa amada se manifestando muitas e muitas vezes nas mais variadas formas. Você irá novamente conter em si a alegria de viver.

Nada nasce e nada morre

Um cientista francês, chamado Lavoisier, declarou: "*Rien ne se crée, rien ne se perd*" ["Nada se cria, nada se perde"]. Embora não fosse um praticante budista, enquanto cientista, ele encontrou a mesma verdade descoberta por Buda.

Nossa verdadeira natureza é uma natureza sem nascimento e sem morte. Somente quando a tocamos podemos transcender o medo de inexistir, o medo da aniquilação.

Buda disse que, quando há condições suficientes, algo se manifesta e dizemos que aquilo existe. Quando falta uma ou duas condições e algo não se manifesta da mesma forma, nós dizemos que aquilo inexiste. Segundo Buda, é errado qualificar algo como existindo ou inexistindo. Na realidade, não há fenômeno algum que seja totalmente existente ou totalmente inexistente.

Nós podemos ver isso muito facilmente com a televisão e o rádio. Podemos estar numa sala sem televisão ou rádio. E, enquanto estamos ali, podemos pensar que os programas de televisão e de rádio inexistem naquela sala. Mas todos nós sabemos que o espaço no interior da sala está cheio de sinais. Os sinais desses programas estão permeando o ar em toda parte. Só precisamos de mais uma condição: um rádio ou um aparelho de televisão, para que muitas formas, cores e sons surjam. Seria errado dizer que os sinais são inexistentes porque não tínhamos os aparelhos receptores de rádio e de televisão para captá-los e manifestá-los. Aparentemente, eles inexistiam somente porque as causas e as condições eram insuficientes para manifestar o programa de TV. Então, naquela sala e naquele momento, dizemos que eles não existem. Só porque não percebemos algo, é incorreto dizer que aquilo inexiste. São somente as nossas ideias de existir e inexistir que nos deixam confusos. É a nossa noção de ser e não ser que nos faz pensar que algo existe ou que algo inexiste. As noções de existência e inexistência não podem ser aplicadas à realidade.

Nada está acima, nada está abaixo

É como as noções de acima e abaixo. Dizer que elas existem, também está errado. O que está abaixo, em relação a nós, está acima para alguém em outro lugar. Estamos sentados aqui e dizemos que acima é a direção sobre nossa cabeça e achamos que a direção oposta está abaixo.

Alguém sentado em meditação, do outro lado do mundo, não concordaria que o que chamamos "acima" está acima, pois, para ele, está abaixo. Salvo se estivesse sentado sobre sua cabeça. As ideias de acima e abaixo sempre significam estar acima de algo ou estar abaixo de algo, e essas ideias não podem ser aplicadas à realidade do cosmos. Ideias são apenas conceitos que nos ajudam a nos relacionar com o nosso ambiente. Esses conceitos nos dão um ponto de referência, mas não são reais. A realidade é livre de todos os conceitos e ideias.

Capturado por uma ideia

Buda apresentou uma parábola interessante sobre ideias e conceitos. Um jovem comerciante chegou à sua casa e viu que ela havia sido roubada e incendiada por bandidos. Bem do lado externo ao que restou da casa, havia um pequeno corpo carbonizado. Ele pensou que aquele era o corpo do seu filhinho. Ele não sabia que o seu menino ainda estava vivo. Ele não sabia que, após terem incendiado a casa, os bandidos tinham levado embora o menino com eles. Em estado de perplexidade, o comerciante acreditou que aquilo que ele via era o corpo do seu filho. Então ele chorava, batia no próprio peito e se descabelava por tamanha desgraça. Depois disso, ele começou a cerimônia de cremação.

Esse homem amava muito mesmo o garotinho. O seu filho era a razão de ser da sua vida. Ele tinha tanta saudade daquele menino que não podia abandonar as cinzas do filho nem por um instante sequer. Ele preparou um saquinho de veludo e colocou as cinzas dentro. E carregava o saquinho com ele noite e dia. Quer estivesse trabalhando ou descansando, ele nunca se separava do saquinho de cinzas. Uma noite, o seu filho escapou dos ladrões. E foi até a nova casa construída pelo pai, e bateu na porta todo animado às duas horas da manhã. Seu pai gritou, enquanto ainda chorava, segurando o saquinho de cinzas: "Quem está aí?"

"Sou eu, seu filho!", respondeu o menino atrás da porta.

"Você é uma pessoa malvada, você não é o meu menino. Meu filho morreu há três meses. Eu tenho as cinzas dele aqui comigo." O garotinho continuou batendo na porta, bradando e chorando. Ele implorou para entrar, repetidas vezes, mas o seu pai continuava se recusando a lhe dar a permissão de entrar. O homem defendia firmemente a ideia de que seu filhinho já estava morto e que a outra criança era alguém sem coração, que tinha vindo atormentá-lo. Finalmente, o menino foi embora e o pai perdeu o filho para sempre.

Buda disse que, se você estiver aprisionado numa ideia, considerando que seja "a verdade", perderá a oportunidade de conhecer a verdade. Mesmo que a verdade chegue pessoalmente e bata à sua porta, você se recusará a abrir a mente para recebê-la. Então tenha cuidado, se você estiver comprometido com uma ideia sobre o que seja a verdade, ou com alguma ideia sobre as condições necessárias para a sua felicidade. O primeiro treinamento da atenção plena diz respeito à liberdade das visões:

> *Ciente do sofrimento criado pelo fanatismo e pela intolerância, nós estamos determinados a não idolatrar ou nos aprisionar em qualquer doutrina, teoria ou ideologia, mesmo as budistas. Os ensinamentos budistas são formas de orientação que nos ajudam a ver em profundidade e a desenvolver nossa compreensão e compaixão. Os ensinamentos budistas não são doutrinas pelas quais brigar, matar ou morrer.*

Essa prática nos ajuda a nos libertarmos da tendência de sermos dogmáticos. Nosso mundo sofre muito devido às atitudes dogmáticas. O primeiro treinamento da atenção plena é importante porque nos ajuda a permanecermos pessoas livres. A liberdade é, acima de tudo, liberdade de nossas próprias noções e conceitos. Se formos capturados por nossas ideias e conceitos, podemos causar sofrimento a nós mesmos e também fazer sofrer a quem amamos.

Não há chegada nem partida

Para muitos de nós, a maior dor é causada pelas ideias de chegar e partir. Pensamos que a pessoa que amávamos veio até nós de algum lugar, e que agora foi embora para algum lugar. Mas a nossa verdadeira natureza é uma natureza que não chega e não parte. Não viemos de determinado lugar nem iremos para lugar algum. Quando as condições são suficientes, nós nos manifestamos. Quando as condições deixam de ser suficientes, deixamos de nos manifestar. Isso não quer dizer que deixamos de existir. Como as ondas de rádio sem um aparelho que as capte, não nos manifestamos.

Assim como as noções de chegar e partir, as noções de ser e não ser não expressam a realidade. Ouvimos essas palavras no *Sutra do Prajnaparamita*: "Escute Shariputra, todos os darmas[1] trazem a marca da vacuidade, eles não são produzidos nem destruídos, nem aumentam ou diminuem".

---
1 Com letra minúscula, darma significa qualquer fenômeno, enquanto objeto da mente. Com letra maiúscula, Darma se refere aos ensinamentos de Buda.

O significado de vacuidade aqui é muito importante; significa principalmente estar vazio de um eu separado. Nada possui uma identidade separada, e nada existe por si só. Se examinarmos tudo cuidadosamente, veremos que todos os fenômenos, inclusive nós mesmos, são compostos. Somos constituídos de outras partes. Somos constituídos de nossos pais e mães, avôs e avós, do nosso corpo, sentimentos, percepções, formações mentais, da terra, do sol e de inúmeros elementos que não são nós mesmos. Todas essas partes dependem de causas e condições. Vemos que tudo o que já existiu, existe ou existirá é interconectado e interdependente. Tudo o que vemos só se manifestou porque faz parte de algo mais, de outras condições que possibilitaram a sua manifestação. Todos os fenômenos não são produzidos nem destruídos, por existirem num processo constante de manifestação.

Podemos ser suficientemente inteligentes para entender isso, mas a compreensão intelectual não basta. Compreender realmente isso significa estar livre do medo. Significa tornar-se iluminado. Significa viver consciente da interexistência.

Temos que praticar esse olhar profundo em nosso cotidiano para nutrir a nossa compreensão desperta de que não há nascimento nem morte. Assim podemos realizar o maravilhoso dom natural do destemor.

Se nós simplesmente conversarmos sobre interexistência enquanto teoria, isso não nos ajudará. Devemos questionar: "*Folha de papel, de onde você vem? Quem é você? O que você veio fazer aqui? Para onde você vai?*" Nós podemos perguntar à chama: "*Chama, de onde você vem e para onde você vai?*" Ouça a resposta atentamente. A chama e o pedaço de papel estão respondendo pela própria presença. Nós só temos que olhar em profundidade para podermos ouvi-los. A chama está dizendo: "Eu não venho de lugar algum".

Essa também seria a resposta das flores japonesas. Elas não eram iguais nem diferentes. Elas não vieram de determinado lugar e não foram para lugar algum. Se houve o aborto de um bebê, não devemos ficar tristes. Pois não havia causas e condições suficientes para que o bebê chegasse naquele momento. Ele virá de novo.

A tristeza se baseia na ignorância

O Grande Ser Avalokiteshvara era um discípulo de Buda. Um dia, quando estava concentrado no curso da compreensão profunda, de repente, Avalokiteshvara viu que tudo existe sem um eu separado. Ao compreender isso, ele superou toda a ignorância; o que significa que ele superou todo o seu sofrimento.

Ao contemplarmos profundamente, devemos ver também que não há nascimento, não há morte; não há chegada, não há partida; não há o existir, não há o inexistir; não há o mesmo, não há o diferente.

Se não aprendermos essa prática, será uma perda terrível. Podemos aprender muitas práticas para diminuir nossa tristeza e nosso sofrimento, mas a quintessência da sabedoria iluminada é a compreensão clara de que não há nascimento e não há morte. Quando tivermos esse discernimento, deixaremos de ter medo. Podemos então apreciar a imensa herança que nossos ancestrais nos transmitiram. Devemos reservar tempo para praticar esses ensinamentos profundos e maravilhosos em nossas vidas cotidianas.

Respeitando as nossas manifestações

Se você observar um amigo com os olhos de um meditador, verá nele todas as suas gerações de ancestrais. Você terá muito respeito em relação a todos eles e em relação ao seu próprio corpo, pois você verá o corpo deles e o seu como sendo o lar sagrado de todos os ancestrais.

Você também verá que nossos corpos são a fonte de todas as futuras gerações. Não vamos maltratar nossos corpos, porque isso não seria bom para os nossos descendentes. Nós não usamos drogas, nem ingerimos comidas ou bebidas que contenham toxinas ou que prejudicarão nossos corpos. A razão disso é que a nossa compreensão da manifestação nos ajuda a viver de maneira saudável, com clareza e responsabilidade.

As noções de dentro e fora também são assim. Se dissermos que Buda está dentro de nós, que os nossos pais estão dentro de nós, que os nossos pais estão fora de nós ou que Buda está fora de nós, essas ideias de estar dentro e estar fora não são aplicáveis. Ficamos aprisionados em ideias, especialmente ideias de chegar e partir, de ser e não ser. Somente quando nos livrarmos de todas essas ideias, é que poderá aparecer a realidade, a realidade do Nirvana. Quando todas as ideias de existir e inexistir tiverem sido extintas, só então a realidade se manifestará.

Nada como a experiência

Podemos usar um exemplo fácil de entender, o de uma tangerina ou um fruto do durião. Se alguém nunca comeu uma tangerina ou um fruto do durião, não importa quantas imagens ou metáforas apresente a ele ou ela, você não consegue descrever a realidade dessas frutas. Você só pode fazer uma coisa: dar àquela pessoa uma experiência direta. Você não pode dizer: "Bem, o durião é um pouco parecido com a jaca ou é como um mamão". Você não consegue dizer algo que descreva a experiência dessa fruta. O fruto do durião vai além de todas as ideias e noções.

O mesmo acontece com uma tangerina. Se você nunca a experimentou, não importa o quanto outra pessoa o ame e queira ajudá-lo a entender o sabor de uma tangerina, nunca conseguirá descrevê-lo com êxito. A realidade da tangerina vai além das ideias. Com o Nirvana acontece o mesmo; o Nirvana é uma realidade que vai além das ideias. Nós sofremos porque temos ideias sobre o Nirvana. A experiência direta é o único caminho.

DOIS
O medo real

Nós temos medo da morte, temos medo da separação e temos medo de deixar de existir. No Ocidente, as pessoas têm muito medo da inexistência. Ao ouvirem falar sobre vacuidade, elas também se apavoram. Mas a vacuidade significa apenas a extinção das ideias. A vacuidade não é o oposto da existência. Vacuidade não significa inexistência ou aniquilação. A ideia da existência deve ser descartada, como também a ideia da inexistência. A vacuidade é uma ferramenta que nos ajuda a fazer isso.

A realidade nada tem a ver com existência e inexistência. Quando Shakespeare diz: "Ser ou não ser – eis a questão", Buda responde: "Ser ou não ser não é a questão". Ser e não ser são apenas duas ideias opostas entre si, mas não são a realidade e não descrevem a realidade.

A visão despertada remove ambas as ideias, a da permanência e a da impermanência. O mesmo acontece com o conceito de vacuidade. A vacuidade é um instrumento e, se estiver aprisionado à ideia de vacuidade, você está perdido. Buda disse no *Sutra Ratnakuta*: "Se você se aprisionar às ideias de ser e não ser, a ideia de vacuidade poderá ajudá-lo a se libertar. Mas se você for capturado pela ideia de vacuidade, não há mais esperança". O ensinamento da vacuidade é uma ferramenta que ajuda a ter uma compreensão real da vacuidade, mas se você considera a ferramenta como a compreensão real direta, você foi capturado pela ideia.

Se você tiver uma noção de Nirvana, essa noção deve ser descartada. Nirvana é destituído de todas as noções, inclusive da noção de Nirvana. Se você estiver preso à noção de Nirvana, ainda não entrou em contato com Nirvana. Esse *insight* profundo e descoberta levaram Buda além do medo, além da ansiedade e do sofrimento e além do nascimento e da morte.

Tocando fogo em nossas ideias

Quando você tem um fósforo, tem condição de acender um fogo. Se a chama que você fizer com o fósforo durar o tempo suficiente, queimará também o fósforo. O fósforo possibilita o surgimento do fogo, mas o próprio fogo queima o fósforo. O mesmo acontece com o ensinamento da impermanência. Ele nos ajuda a obter uma compreensão clara da impermanência, e o *insight* da impermanência é que queimará nossa ideia de impermanência.

Temos que ir além da ideia de permanência, mas também temos que ir além da ideia de *im*permanência. Assim podemos entrar em contato com o Nirvana. O mesmo se aplica a ideia de eu nenhum. "Nenhum eu" é o fósforo, que ajuda a dar origem ao fogo do *insight* do eu nenhum. É o despertar da compreensão direta de eu nenhum que extinguirá o fósforo de eu nenhum.

Praticar não significa acumular muitas ideias sobre o eu nenhum, a impermanência, o Nirvana ou qualquer outro assunto; isso é somente o trabalho de um gravador de fitas cassete. Falar sobre ideias e compartilhá-las não é estudo ou prática budista. Podemos ir a uma universidade para estudar o budismo, mas aprenderemos apenas teorias e ideias. Queremos ir além das ideias para ter uma compreensão real, que extinguirá todas as nossas ideias e nos ajudará a sermos livres.

Onde está o Nirvana?

Observe uma moeda. Um lado é chamado de cara e o outro, coroa; esses lados não podem existir um sem o outro. O metal a partir do qual ambos são feitos contém os dois. Sem o metal, os dois lados não existiriam. Os três elementos, cara, coroa e metal, inter-existem. O metal poderia ser descrito como o Nirvana, e as caras e as coroas como algo semelhante à manifestação da impermanência e do eu nenhum. Pela aparição seja das coroas ou das caras, você pode tocar e reconhecer a presença do metal. Do mesmo modo, ao olhar em profundidade para a natureza da impermanência e do eu nenhum, você também pode tocar a natureza do Nirvana.

A dimensão suprema do Nirvana não pode existir separada da dimensão histórica. Quando você entra em contato profundo com a dimensão histórica, você também toca a dimensão suprema. A dimensão suprema está sempre em você. Para um praticante, é muito importante entrar em contato com sua própria natureza mutante e destituída de um eu. Se o praticante for bem-sucedido tocará a natureza do Nirvana e alcançará o destemor. Agora ele poderá passear pelas ondas do nascimento e da morte, sorrindo serenamente.

As dimensões histórica e suprema

Nós consideramos a realidade que vivemos cotidianamente por meio da dimensão histórica, mas também podemos considerá-la por meio da dimensão suprema. A realidade pode estar manifesta na dimensão histórica, ou pode estar manifesta na dimensão suprema. Conosco acontece o mesmo. Nós temos nossas preocupações diárias e históricas, mas cada um de nós também tem interesses supremos.

Quando buscamos Deus ou o Nirvana ou um tipo mais profundo de paz, estamos preocupados com o supremo. Não estamos somente preocupados com os fatos da vida cotidiana – como fama, lucro ou nossa posição social e projetos –, mas também estamos interessados em nossa verdadeira natureza. Meditar profundamente significa começar a satisfazer nosso interesse supremo.

As ondas são água

Quando observa a superfície do oceano, você pode ver as ondas subindo e descendo. Você pode descrever essas ondas como altas ou baixas, grandes ou pequenas, mais fortes ou menos fortes, mais bonitas ou menos bonitas. Você pode descrever uma onda em termos de início e fim, de nascimento e morte. Isso pode ser comparado à dimensão histórica. Na dimensão histórica, estamos preocupados com o nascimento e com a morte, em sermos mais ou menos poderosos, mais ou menos bonitos, o início e o fim e assim por diante.

Observando em profundidade, podemos entender que as ondas também são, ao mesmo tempo, água. Uma onda pode querer buscar sua própria verdadeira natureza. A onda pode sofrer de medo, de complexos. Uma onda pode dizer: "Eu não sou tão grande quanto as outras ondas", "estou oprimida", "não sou tão bela quanto as outras ondas", "eu nasci e tenho que morrer". A onda pode sofrer com essas coisas, com essas ideias. Mas, se a onda se curvar e tocar sua verdadeira natureza, perceberá que ela é água. Então seu medo e complexos vão desaparecer.

A água é livre do nascer e morrer de uma onda. A água é livre dos altos e baixos, de ser mais ou menos bela. Você só pode falar em termos de ser mais ou menos bela, ser alta ou baixa, em relação às ondas. No que diz respeito à água, todos esses conceitos são inválidos.

A nossa verdadeira natureza é destituída de nascimento e morte. Não precisamos ir a um determinado lugar para contatar nossa verdadeira natureza. A onda não precisa procurar pela água porque ela já é água. Nós não temos que sair em busca de Deus, não temos que sair em busca da nossa dimensão suprema ou Nirvana, porque nós somos Nirvana, nós somos Deus.

Você é aquilo que está procurando. Você já é o que você quer se tornar. Você pode dizer à onda: "Minha querida onda, você é água. Não precisa sair em busca da água". Sua natureza é a natureza não discriminatória, que não nasce e não morre, que não existe e não inexiste.

Pratique como uma onda. Passe o tempo necessário examinando profundamente a si mesmo, e reconheça que a sua natureza é a natureza destituída de nascimento e morte. Você pode progredir, dessa forma, até a liberdade e o destemor. Esse método de prática vai nos ajudar a viver sem medo, e nos ajudará a morrer tranquilamente, sem arrependimentos.

Se você carrega, dentro de si, uma dor profunda, se você perdeu um ente querido e está tomado pelo medo de morrer, de ser esquecido e aniquilado, por favor, pegue este ensinamento e comece a praticá-lo. Se praticá-lo bem, você será capaz de olhar a nuvem, a rosa, o seixo ou o seu filho com o tipo de olhar que Buda nos transmitiu. Você tocará a natureza da realidade que não nasce nem morre, não chega nem parte. Isso pode libertá-lo do seu medo, da sua ansiedade e da sua aflição. Então você pode realmente ter o tipo de paz que lhe tornará forte, estável, e sorridente no momento em que os eventos acontecem. Viver dessa maneira permitirá que você ajude muita gente à sua volta.

Onde estava você antes de nascer?

Às vezes as pessoas perguntam: "Quando é o seu aniversário?" Mas você poderia formular, para si mesmo, uma questão mais interessante: "Antes daquele dia, chamado de o dia do meu aniversário, onde será que eu estava?"

Pergunte a uma nuvem: "Qual é a data do seu nascimento? Antes de nascer, onde você estava?"

Se você perguntar à nuvem: "Qual a sua idade? Você poderia me dizer qual a data de seu nascimento?" Você pode ouvir profundamente e obter uma resposta. Você pode imaginar a nuvem nascendo. Antes de nascer, a nuvem era água na superfície do oceano. Ou talvez estivesse no rio e depois se evaporado. A nuvem também era o sol porque o sol cria o vapor. O vento também estava presente, ajudando a água a se tornar uma nuvem. A nuvem não vem do nada; houve apenas uma mudança na sua forma. Não é o nascimento de algo a partir do nada.

Mais cedo ou mais tarde, a nuvem se transformará em chuva, neve ou gelo. Se observar a chuva em profundidade, você poderá ver a nuvem. A nuvem não se perde; é transformada em chuva, e a chuva é transformada em grama e a grama em vacas e depois em leite e depois no sorvete que você toma. Se for tomar um sorvete hoje, permita-se ter o tempo de olhar para ele e dizer: "Olá, nuvem! Eu reconheço você". Ao fazer isso, você tem discernimento e compreensão da verdadeira natureza do sorvete e da nuvem. Você também pode ver o oceano, o rio, o calor, o sol, a grama e a vaca no sorvete.

Contemplando profundamente, você realmente não vê nem uma data de nascimento, nem uma data de morte para a nuvem. Tudo o que acontece é que a nuvem se transforma em chuva ou neve. Não há realmente morte, pois sempre há uma continuação. Uma nuvem é continuação do oceano, do rio e do calor do sol, e a chuva é uma continuação da nuvem.

Antes de nascer, a nuvem já existia; então hoje, quando você beber um copo de leite ou uma xícara de chá ou tomar um sorvete, por favor, siga sua respiração. Olhe para o chá ou para o sorvete e diga olá para a nuvem.

Buda dedicou-se à contemplação profunda e nós também podemos fazer isso. Buda não era um Deus; ele foi um ser humano como nós. Ele sofria, mas praticava, e por isso superou o próprio sofrimento. Ele tinha profunda compreensão, sabedoria e compaixão. Por isso dizemos que ele é nosso professor e nosso irmão.

Se estivermos com medo de morrer é porque não entendemos que as coisas realmente não morrem. As pessoas dizem que Buda está morto, mas isso não é verdade. Buda ainda está vivo. Se olharmos à nossa volta, podemos vê-lo de várias formas. Buda está em você porque você foi capaz de contemplar profundamente e ver que, realmente, as coisas não nascem e não morrem. Podemos dizer que você é uma nova forma de Buda, uma continuação de Buda. Não se subestime. Observe um pouco em torno de si mesmo e verá continuações de Buda por toda parte.

O meu eu de ontem sou eu?

Eu tenho uma foto minha de quando eu era um garoto de 16 anos. Esta é uma fotografia de mim? Eu não tenho tanta certeza disso. Quem é esse garoto na foto? É a mesma pessoa que eu ou é outra pessoa? Contemple profundamente antes de responder.

Muita gente diz que o menino da foto e eu somos a mesma pessoa. Se esse menino sou eu mesmo, por que tem uma aparência tão diferente da minha? Ele ainda está vivo ou morreu? Ele não é a mesma pessoa que eu e também não é uma pessoa diferente. Tem gente que olha aquela foto e pensa que o menino da foto não está mais por aqui.

Uma pessoa é feita de corpo, sentimentos, percepções, formações mentais e consciência; e tudo isso mudou em mim desde que aquela foto foi tirada. O corpo do menino na fotografia não é o mesmo corpo que o meu, agora que estou nos meus 70 anos. Os sentimentos são diferentes e as percepções são muito diferentes. É como se eu fosse uma pessoa completamente diferente daquele garoto, mas se o garoto da foto não existisse, eu também não existiria.

Eu sou uma continuidade, tal como a chuva é a continuação da nuvem. Quando você observa a foto em profundidade, já pode me ver como um idoso. Você não precisa esperar 55 anos. Quando o limoeiro está em flor, você pode não ver nenhuma fruta, mas se olhar profundamente, verá que a fruta já está ali. Você só precisa de mais uma condição para trazer os limões: o tempo. Os limões já estão lá no limoeiro. Olhe para a árvore e você só vê galhos, folhas e flores. Mas se o limoeiro tiver tempo, ele vai se expressar em limões.

Girassóis em abril

Se você vier à França em abril, não verá nem mesmo um girassol. Mas em julho, há muitos girassóis nos arredores de Plum Village. Onde estariam os girassóis em abril? Se você vier à Plum Village em abril e olhar em profundidade, verá girassóis. Os agricultores revolveram a terra e semearam a semente, e as flores só estão esperando por mais uma condição para se manifestarem: o calor de maio e junho. Os girassóis existem, mas não estão totalmente manifestos.

Olhe profundamente para uma caixa de fósforos. Você vê uma chama dentro dela? Se vir, você já está iluminado.

Quando observamos profundamente uma caixa de fósforos, vemos que a chama está ali. Precisando apenas do movimento dos dedos de alguém para se manifestar. Nós dizemos: "Querida chama, eu sei que você está aí. Agora vou ajudá-la a se expressar".

A chama sempre esteve na caixa de fósforos e também no ar. Se não houvesse oxigênio, a chama não poderia se expressar. Se você acender uma vela e depois cobri-la com algo, a chama se apagará por falta de oxigênio. A sobrevivência da chama depende do oxigênio. Não podemos dizer que a chama esteja dentro ou fora da caixa de fósforos. A chama está em todo lugar no espaço, no tempo e na consciência. A chama está em toda parte, esperando para se manifestar, e nós somos uma das condições que ajudarão a chama a se manifestar. Mas se a soprarmos, ajudaremos a chama a interromper sua aparição. Quando damos um sopro na chama, nossa respiração é uma condição que impede a manifestação do fogo em forma de chama.

Podemos acender duas velas com um fósforo e depois apagar a chama do fósforo. Você acha que a chama do fósforo morreu? A natureza da chama não nasce ou morre. A questão é: será que a chama das duas velas é a mesma ou são duas chamas diferentes? Nem são as mesmas e nem são diferentes. Agora outra questão: a chama do fósforo está morta? Ambas as coisas: ela está morta e não está morta. Sua natureza nem é a de morrer nem é a de nascer. Se deixarmos a vela acesa por uma hora, a chama permanecerá a mesma ou se tornará em outra chama? O pavio, a cera e o oxigênio estão sempre mudando. A parte do pavio e da cera que está queimando está sempre se transformando. Se essas coisas se transformam, a chama também deve mudar. Então a chama não é a mesma, mas também não é outra chama diferente.

Ser não é o oposto da aniquilação

Temos uma ideia de ser que é oposta à de não ser. Essas ideias não são mais incontestáveis do que as noções de direita e esquerda. Observe uma caneta. Será que podemos remover totalmente o seu lado direito? Se usarmos uma faca e cortarmos metade da caneta, a parte que sobra continua tendo um lado direito. Os partidos políticos da direita e da esquerda são imortais – eles não podem ser eliminados. Enquanto houver uma ala da direita, haverá uma ala da esquerda.

Portanto, aqueles à esquerda do espectro político devem desejar a presença eterna daqueles à direita. Se removermos a direita, temos que remover a esquerda ao mesmo tempo. Buda disse: "Isto existe porque aquilo existe. Isto se manifesta porque aquilo se manifestou". Esse é o ensinamento de Buda sobre a criação do mundo. É chamado de ensinamento do surgimento simultâneo. A chama existe porque há fósforos. Se os fósforos não estivessem ali, a chama também não existiria.

A resposta está dentro

De onde vem a chama? Qual é a sua origem? Devemos olhar profundamente para essa questão. Será que você precisa sentar-se na postura de lótus para encontrar a resposta? Tenho certeza de que a resposta já está em você, só esperando por mais uma condição para se manifestar. Buda disse que todos têm a natureza de um Buda dentro de si. A natureza de um Buda é a nossa capacidade de compreender e nos conectar à nossa verdadeira natureza. A resposta já está em você. Um professor não pode lhe dar a resposta. Um professor pode ajudá-lo a entrar em contato com a sua natureza desperta, de grande compreensão e compaixão. Buda o convida a viver conectado com a sabedoria que já existe em você.

Muitos de nós questionamos: "Para onde a pessoa vai quando morre? O que acontece quando a pessoa morre?" Amigos nossos que perderam algum ente querido indagam: "Onde está meu amado agora? Para onde ele foi?" Os filósofos questionam: "De onde vem o homem? De onde vem o cosmos ou o mundo?"

Quando contemplamos profundamente, nós compreendemos que quando todas as condições são suficientes, algo se manifestará. O que se manifesta não vem de lugar algum. E quando uma manifestação cessa, não vai para lugar algum.

Criação

Ao que parece, "criar" significa que, a partir do nada, você de repente tem algo. Eu prefiro o uso da expressão "manifestação" à palavra "criação". Contemple profundamente, e poderá entender a criação em termos de manifestação. Assim como podemos entender uma nuvem como uma manifestação de algo que sempre esteve ali, e a chuva como o fim da manifestação da nuvem, podemos entender os seres humanos e até mesmo tudo ao nosso redor, como uma manifestação que veio de lugar nenhum e vai a lugar nenhum. A manifestação não é o oposto da destruição. É simplesmente a mudança de forma. Entender nossas vidas e o cosmos como uma manifestação pode nos trazer uma tremenda paz. Se você estiver de luto pela perda de um ente querido, este é um convite para contemplar profundamente e curar sua dor.

Há teólogos que disseram que Deus é a base do ser, mas qual ser? Não é o ser que se opõe ao não ser. Se esse ser for o oposto de não ser, então não é Deus. Deus transcende todas as noções, inclusive as noções de criação e de destruição. Se observar profundamente a ideia de criação tendo em mente a visão da manifestação, descobrirá a profundidade do ensinamento sobre a criação. Você descobrirá que nada nasce e nada morre. Tudo o que há é manifestação.

Encontrando alívio

Buscamos a prática espiritual, uma igreja, uma sinagoga, uma mesquita ou um centro de meditação, para atenuar nossa dor e nossa tristeza. Mas o maior consolo só pode ser obtido quando somos capazes de contatar a dimensão suprema. No judaísmo e no cristianismo, você pode chamar essa dimensão de Deus. Deus é a nossa verdadeira natureza, a verdadeira natureza sem nascimento e sem morte. Por isso, se você souber confiar em Deus, se souber confiar em sua verdadeira natureza, perderá seu medo e sua aflição.

Pode ser que no início você pense em Deus como um filho, mas uma pessoa é o oposto de uma não pessoa. Se você pensa em Deus em termos de noções e conceitos, ainda não descobriu a realidade de Deus. Deus transcende todas as nossas noções. Deus nem é uma pessoa nem uma não pessoa. Uma onda, em sua ignorância, está sujeita ao medo do nascimento, da morte, dos altos, dos baixos, de ser mais bela ou menos bela e do ciúme dos outros. Mas se uma onda for capaz de tocar sua verdadeira natureza, a natureza da água, e souber que ela é água, então todo o seu medo e ciúme desaparecerão. A água não experimenta o nascimento e a morte, as elevações e as quedas.

Causas

Quando observamos os fenômenos, como uma flor, uma mesa ou uma casa, pensamos que, para existirem, uma casa tem que ser construída por alguém e uma mesa tem que ser feita por alguém. Nossa tendência é procurar a causa que deu origem à casa, ou que deu origem à mesa. Chegamos à conclusão de que a causa da casa deve ser o seu construtor: o pedreiro ou o carpinteiro. Qual é a causa da mesa? Quem a criou? Um carpinteiro. Quem é o criador da flor? É a terra ou o agricultor ou o jardineiro?

Em nossas mentes, simplesmente pensamos em termos de causa. Acreditamos que uma causa é suficiente para fazer surgir o que existe. Com a prática de contemplar profundamente, descobrimos que uma causa nunca pode ser suficiente para provocar um efeito. O carpinteiro não é a única causa da mesa. Se o carpinteiro não tiver coisas como pregos, serrote, madeira, tempo e espaço, comida para comer, pai e mãe que o trouxeram à vida e uma infinidade de condições, ele não seria capaz de dar surgimento à mesa. As causas são realmente infinitas.

Quando observamos a flor, vemos a mesma coisa. O jardineiro é apenas uma das causas. Deve haver o solo, a luz do sol, a nuvem, a compostagem, a semente e muitas outras coisas. Se você contemplar profundamente, verá que todo o cosmos se uniu para ajudar a flor a se manifestar. Se olhar de maneira profunda para um pedaço de cenoura que você come no almoço, verá que todo o cosmos se uniu para ajudar a manifestação daquele pedaço de cenoura.

Se continuarmos contemplando em profundidade, veremos que uma causa é, ao mesmo tempo, um efeito. O jardineiro é uma das causas que ajudou a manifestar a flor, mas também é um efeito. O jardineiro manifestou-se por outras causas: ancestrais, pai, mãe, professor, trabalho, sociedade, comida, remédios e abrigo. Como o carpinteiro, o jardineiro não é apenas uma causa, ele também é um efeito. Observando profundamente, descobrimos que toda causa é ao mesmo tempo um efeito. Não há coisa alguma que possamos chamar de "causa absoluta". Há muitas coisas que podemos descobrir com a prática de contemplar profundamente e, se não estivermos vinculados a nenhum dogma ou conceito, estaremos livres para fazer nossas descobertas.

Nenhuma causa absoluta

Quando perguntaram ao Buda: "Qual é a causa de tudo?", ele respondeu com palavras muito simples. Ele disse: "Isto existe, porque aquilo existe". Isso quer dizer que tudo conta com tudo o mais para se manifestar. Uma flor, para se manifestar, tem que contar com os elementos que não-são-flor. Se observar profundamente a flor, você poderá reconhecer elementos que não são flor. Observando a flor, você reconhece o elemento luz solar, que é um elemento não flor. Sem a luz do sol, uma flor não pode se manifestar. Observando a flor, você reconhece o elemento nuvem, que é um elemento não flor. Sem nuvens, a flor não poderia se manifestar. Outros elementos são essenciais, como os minerais, o solo, o agricultor e assim por diante. Uma multiplicidade de elementos que não são flor se reuniu para ajudar a manifestação da flor.

Por essa razão, eu prefiro a expressão "manifestação" à palavra "criação". Isso não significa que não devamos usar a palavra "criação". Claro que podemos fazê-lo, mas devemos entender que criar não significa fabricar algo a partir do nada. A criação não é algo destrutível e que pode se transformar em nada. Eu gosto muito do termo "O maravilhoso vir a ser". Está próximo ao verdadeiro significado da criação.

TRÊS
A prática de contemplar profundamente

Todas as práticas autênticas de Buda carregam dentro delas três ensinamentos essenciais chamados de *Selos do Darma*. Esses três ensinamentos são: *impermanência, eu nenhum* e *Nirvana*. Assim como todos os documentos jurídicos importantíssimos têm uma marca ou assinatura de uma testemunha, todas as práticas genuínas de Buda trazem as marcas desses três ensinamentos.

Se contemplarmos o primeiro selo do Darma, a impermanência, veremos que a impermanência não significa simplesmente que tudo muda. Ao observar a natureza das coisas, podemos ver que nada permanece o mesmo, sequer por dois momentos consecutivos. Como nada permanece inalterado de um momento a outro, portanto, nada tem uma identidade fixa ou um eu permanente. Então no ensinamento sobre impermanência nós sempre vemos a ausência de um eu imutável; que chamamos de "eu nenhum". Como tudo está sempre se transformando, sem que haja um eu [ou identidade] imutável, a liberdade é possível.

O terceiro selo do Darma é o Nirvana – que significa solidez e liberdade, liberdade de todas as ideias e noções. A palavra "Nirvana" significa literalmente "a extinção de todos os conceitos". A contemplação profunda da impermanência conduz à descoberta de o eu nenhum. A descoberta do *eu nenhum* conduz ao Nirvana. Nirvana é o Reino de Deus.

Impermanência

A prática e compreensão da impermanência não é só outra descrição da realidade. É uma ferramenta que ajuda nossa transformação, cura e emancipação.

A impermanência quer dizer que tudo muda e nada permanece o mesmo, nem por dois momentos consecutivos. E embora tudo esteja mudando a cada momento, nada pode ser descrito com precisão como sendo o mesmo ou diferente do que era um instante atrás.

Quando tomamos um banho hoje no rio que nos banhamos ontem, aquele é o mesmo rio? Heráclito disse que não poderíamos entrar no mesmo rio duas vezes. Ele estava certo. A água do rio hoje é completamente diferente da água em que nos banhamos ontem, embora se trate do mesmo rio. Quando Confúcio estava em pé na margem de um rio observando seu fluxo, ele disse: "Oh! Ele flui sem cessar, como o dia e a noite".

A clara compreensão da impermanência nos ajuda a ir além de todos os conceitos. Ajuda-nos a ir além das ideias do mesmo e do diferente, do chegar e do partir. Ajuda-nos a ver que o rio não é o mesmo, mas também não é um rio diferente. Mostra-nos que a chama que acendemos em nossa vela ao lado da cama antes de dormir não é a mesma que estará queimando na manhã seguinte. A chama sobre a mesa não é "duas chamas", mas também não é uma única chama.

A impermanência possibilita tudo

Geralmente ficamos tristes e sofremos muito quando as coisas mudam, mas a mudança e a impermanência têm um lado positivo. Graças à impermanência, tudo é possível, a própria vida é possível. Se um grão de milho não fosse impermanente, nunca poderia se transformar num pezinho de milho. Se o pezinho não fosse impermanente, não poderia crescer e nos dar a espiga do milho que comemos. Se sua filha não fosse impermanente, não poderia crescer e se tornar uma mulher. E os seus netos nunca se manifestariam. Então, em vez de reclamar da impermanência, devemos dizer: "Impermanência, seja muito bem-vinda e tenha vida-longa". Devemos ser felizes. Quando pudermos ver o milagre da impermanência, a nossa tristeza e o nosso sofrimento passarão.

A impermanência também deve ser entendida à luz da existência-interligada. Como todas as coisas existem de modo interligado, influenciam constantemente umas às outras. Dizem que as asas de uma borboleta batendo em um lado do planeta podem afetar o clima do outro lado. As coisas não podem permanecer as mesmas porque são influenciadas por tudo o mais, tudo o que não são elas mesmas.

Praticando a impermanência

Todos nós podemos compreender a impermanência intelectualmente, mas isso ainda não é uma compreensão verdadeira. O nosso intelecto, por si só, não nos levará à liberdade. Não vai nos levar à iluminação. Quando estivermos firmes e concentrados, podemos praticar a contemplação profunda. E, ao contemplarmos profundamente e vermos a natureza da impermanência, podemos então nos concentrar nesse profundo discernimento. É assim que a percepção da impermanência se torna parte do nosso ser. Torna-se nossa experiência cotidiana. Temos que manter o discernimento da impermanência para podermos compreendê-la e vivê-la o tempo todo. Se soubermos usar a impermanência como objeto de meditação, estaremos nutrindo nossa compreensão de tal modo que a impermanência viverá em nós todo dia. Com essa prática, a impermanência se torna uma chave que abre a porta da realidade.

Também não podemos revelar o *insight* da impermanência só por um momento e depois encobri-lo e voltar a ver tudo como permanente de novo. Na maioria das vezes, nós nos comportamos com os nossos filhos como se fossem sempre viver conosco em casa. Nunca pensamos que daqui a três ou quatro anos eles nos deixarão para se casarem e constituírem suas próprias famílias. Portanto, não valorizamos os momentos em que os nossos filhos estão conosco.

Eu conheço muitos pais cujos filhos saem de casa e moram sozinhos aos 18 ou 19 anos. Os pais perdem seus filhos e sentem profundo dó de si mesmos. Entretanto, os pais não valorizavam os momentos que tiveram com seus filhos. O mesmo acontece com maridos e esposas. Você acha que seu cônjuge estará presente por toda a sua vida, mas como você pode ter tanta certeza? Nós realmente não temos ideia de onde nossos parceiros estarão daqui a 20 ou 30 anos ou até mesmo amanhã. É muito importante lembrar-se todo dia de praticar a impermanência.

Vendo as emoções através dos olhos da impermanência

Quando alguém lhe diz algo que o deixa com raiva e você gostaria que aquela pessoa desaparecesse, por favor, contemple profundamente com os olhos da impermanência. Se esse alguém fosse embora, o que você realmente sentiria? Você estaria feliz ou iria chorar? Praticar esse discernimento pode ser muito útil. Há um *gatha* ou poema que podemos usar para nos ajudar:

> Com raiva na suprema dimensão,
> fecho os olhos e contemplo profundamente.
> Daqui a 300 anos,
> onde estará você e onde estarei?

O que costumamos fazer quando estamos com raiva? Gritamos, protestamos e tentamos culpar alguém pelos nossos problemas. Mas, contemplando a raiva com os olhos da impermanência, podemos parar e respirar. Furiosos um com o outro na dimensão suprema, fechamos os olhos e contemplamos profundamente. Tentamos imaginar o futuro daqui a 300 anos. Como será sua aparência? Como será a minha aparência? Onde você estará? Onde eu estarei? Precisamos somente inspirar e expirar, considerar nosso futuro e o futuro da outra pessoa. Não precisamos imaginar tão longe quanto 300 anos. Pode ser 50 ou 60 anos a partir de agora, quando nós dois já tivermos morrido.

Contemplando o futuro, vemos que a outra pessoa é muito preciosa para nós. Quando sabemos que podemos perdê-la a qualquer momento, deixamos de ter raiva. Queremos abraçá-la e dizer: "É maravilhoso que você ainda esteja vivo(a). Estou tão feliz. Como eu poderia ficar com raiva de você? Nós dois vamos morrer um dia e, enquanto ainda estivermos vivos e juntos, é tolice ficarmos um com raiva do outro".

A razão pela qual somos tolos o suficiente a ponto de nos fazer sofrer e fazer sofrer a outra pessoa é que nós nos esquecemos de que somos impermanentes. Um dia, quando morrermos, perderemos todas as nossas posses, nosso poder, nossa família, tudo. A nossa liberdade, paz e alegria no momento presente é a coisa mais importante que possuímos. Mas, sem uma compreensão clara da impermanência, não é possível ser feliz.

Tem gente que sequer olha para o outro quando ele está vivo; mas, quando a pessoa morre, escreve obituários eloquentes e faz oferendas de flores. Naquele momento, a pessoa está morta e realmente não consegue mais apreciar a fragrância das flores. Se realmente entendêssemos e nos lembrássemos de que a vida é impermanente, faríamos tudo o que estivesse ao nosso alcance para tornar a outra pessoa feliz aqui e agora. Se passamos 24 horas nos irritando com a pessoa que amamos, é porque estamos ignorando a impermanência.

"Com raiva na suprema dimensão, eu fecho os olhos." Fecho meus olhos para praticar a visualização da pessoa que amo daqui a 100 ou 300 anos. Quando você visualiza a si mesmo e a pessoa amada daqui a 300 anos, você se sente muito feliz só pelo fato de você e a pessoa amada estarem vivos hoje. Você abre os olhos e toda a sua raiva se foi. Você abre os braços para abraçar a outra pessoa e pratica: *"Inspirando, sei que você está vivo(a); expirando, estou tão feliz"*. Quando você fecha os olhos para visualizar

a si mesmo e a outra pessoa daqui a 300 anos, você está praticando a meditação da impermanência. Na dimensão suprema, a raiva não existe.

O ódio também é impermanente. Embora possamos estar sendo consumidos pelo ódio neste momento, se soubermos que o ódio é impermanente, podemos fazer algo para mudá-lo. Um praticante pode tomar o ressentimento e o ódio e ajudá-los a desaparecer. Tal como fizemos com a raiva, fechamos os olhos e pensamos: *Onde estaremos daqui a 300 anos?* Com a compreensão do ódio na dimensão suprema, o ódio pode se evaporar num instante.

Deixe a impermanência nutrir o amor

Como somos ignorantes e nos esquecemos da impermanência, não nutrimos o nosso amor de maneira adequada. Logo que nos casamos, nosso amor era fantástico. Pensávamos que, se não tivéssemos um ao outro, não conseguiríamos viver nem por mais um dia. Como não sabíamos praticar a impermanência, depois de um ou dois anos o nosso amor transformou-se em frustração e raiva. Agora ficamos imaginando como vamos conseguir sobreviver por mais um dia, se tivermos que permanecer junto àquela pessoa que um dia amamos tanto. Decidimos que não há alternativa: queremos um divórcio. Se vivermos com a compreensão da impermanência, vamos cultivar e nutrir o nosso amor. Só assim o amor vai durar. Você tem que nutrir e cuidar do seu amor para que o amor cresça.

Eu nenhum

A impermanência significa contemplar a realidade na perspectiva do *tempo*. O eu nenhum significa contemplar a realidade na perspectiva do *espaço*. A impermanência e o eu nenhum são dois lados da realidade. O eu nenhum é uma manifestação da impermanência, e a impermanência é uma manifestação do eu nenhum. Por serem mutantes, os fenômenos não possuem um eu separado. Por não possuírem um eu separado, os fenômenos são impermanentes. Impermanência significa ser transformado a cada instante. A realidade é assim. E, já que tudo muda, como poderia haver um eu permanente, um eu separado? Quando dizemos "eu" [*self*], estamos nos referindo a algo que é sempre o mesmo, imutável dia após dia. Mas nada é assim. Nosso corpo é impermanente, nossas emoções são impermanentes e nossas percepções são impermanentes. Nossa raiva, nossa tristeza, nosso amor, nosso ódio e nossa consciência também são impermanentes.

Então, o que existe de permanente que possa ser chamado de *self* ou de mim? A folha de papel onde estas palavras estão sendo escritas não tem um eu separado. A folha só pode existir quando as nuvens, a floresta, o sol, a terra, as pessoas que fazem o papel e as máquinas estão presentes. Se tudo isso não estiver presente, o papel não pode estar presente. E se tacarmos fogo no papel, onde estará o eu [a identidade] do papel?

Nada pode existir por si só. Tem que depender de todas as outras coisas. Isso é chamado de inter-ser ou inter-existir. Ser/existir significa inter-ser/inter-existir. O jornal interliga-se ao sol e a floresta. A flor não pode existir por si só; a flor tem que se interligar com a terra, a chuva, as ervas daninhas e os insetos. Não há o ser; só há o inter-ser.

Contemplando profundamente uma flor, vemos que a flor é composta de elementos que não são flor. Podemos descrever a flor como estando repleta de tudo. Tudo está presente na flor. Na flor vemos a luz do sol, a chuva, as nuvens, a terra e também vemos na flor o tempo e o espaço. Uma flor, como tudo o mais, é totalmente composta de elementos que não são flor. Todo o cosmos se reuniu para ajudá-la a se manifestar. A flor está repleta de tudo, exceto de uma coisa: um eu separado, uma identidade separada.

A flor não pode existir por si só. Para existir a flor tem que se interligar à luz do sol, à nuvem e a todos os fenômenos do cosmos. Se entendermos o ser em termos de inter-ser, estaremos muito mais próximos da verdade. Inter-ser não significa existir e não significa inexistir. Inter-ser significa estar destituído de uma identidade separada, de um eu separado.

O eu nenhum também significa *vacuidade*, um termo técnico no budismo que quer dizer a ausência de um eu separado. Nossa natureza é destituída de um eu, mas isso não significa que não estejamos aqui. Isso não significa que nada exista. Um copo pode estar vazio ou cheio de chá, mas para estar vazio ou cheio, o copo tem que estar ali. Então, a vacuidade ou o vazio não significa não ser ou inexistir, e também não significa ser ou existir. A vacuidade transcende todos os conceitos. Se entrar em contato profundo com a natureza da impermanência, do eu nenhum e do inter-ser, você tocará a dimensão última, a natureza do Nirvana.

Quem somos nós?

Pensamos em nosso corpo como o nosso eu, ou como pertencente ao nosso eu. Consideramos nosso corpo como "eu" ou "meu". Mas, olhando em profundidade, você vê que o seu corpo também é o corpo dos seus ancestrais, dos seus pais, dos seus filhos e dos filhos deles. O corpo, portanto, não é um "eu", e não é "meu". O corpo está repleto de tudo o mais – *i. e.*, ilimitados elementos que não são corpo – com exceção de uma coisa: uma existência separada.

A impermanência tem que ser vista à luz da vacuidade, do inter-ser e do eu nenhum. Essas coisas não são negativas. A vacuidade é maravilhosa. Nagarjuna, o famoso professor budista do século II, disse: "Graças à vacuidade, tudo é possível".

Você pode ver o eu nenhum na impermanência e a impermanência no eu nenhum. Você pode dizer que a impermanência é o eu nenhum visto pela perspectiva do tempo, e o eu nenhum é a impermanência vista pela perspectiva do espaço. Ambos são a mesma coisa. Por isso, a impermanência e eu nenhum inter-são. Se você não vê impermanência no eu nenhum, então isso não é o eu nenhum. Se não vê o eu nenhum na impermanência, então isso não é realmente impermanência. Mas isso não é tudo. Você tem que ver o Nirvana na impermanência e você tem que ver o Nirvana no eu nenhum. Se eu traçar uma linha, de um lado haverá impermanência e o eu nenhum, e do outro lado haverá o Nirvana. Embora possa ser útil, essa linha pode também ser enganosa. Nirvana significa ir além de todos os conceitos, até mesmo os conceitos de eu nenhum e de impermanência. Se mantivermos o Nirvana dentro do eu nenhum e da impermanência, isso significa que não estamos presos ao eu nenhum e à impermanência enquanto ideias.

Clones: nenhum eu permanente

Se você pegar três células do meu corpo para fazer clones e fizer três filhos dessas células, todos eles terão a minha herança genética e a da minha família de sangue.

Mas todos nós temos uma herança a mais. O corpo que herdamos da nossa família é natureza. Nós também recebemos a herança do nosso ambiente, que é a nutrição. Então imagine que colocamos esses três clones em três ambientes distintos. Se uma das crianças for colocada num ambiente de drogas e jogos de azar, provavelmente se tornará alguém que gosta de drogas e jogos. Aquela criança não será um monge budista como eu sou hoje.

Se você colocar outra criança clonada num ambiente de negócios e enviá-la para uma faculdade de administração de empresas, ela provavelmente se tornará um empresário ou uma empresária. Isso aconteceria mesmo que os clones tivesssem a mesma herança genética que eu tenho. Mas o Darma de Buda penetrou em mim. Os ensinamentos de Buda e a prática não serão regados pela faculdade de administração. As sementes de vender, comprar e comerciar serão regadas. Aquele clone pode se tornar um empresário ou uma empresária. Embora os olhos, nariz e orelhas sejam parecidos com os meus, esse clone não será nada parecido comigo.

Digamos que nós demos ao terceiro clone a possibilidade de se tornar um monge. Nós o colocamos no mosteiro de Deer Park para ser criado por monges e monjas. Todo dia ele ouve os sutras e anda em meditação. Aquela criança será mais parecida com o monge que eu sou hoje.

Nutrição é extremamente importante. Se você fizer três clones ou três mil clones, a manifestação específica do clone depende das condições que alimentam esse clone: o pensamento, o amor, o ódio, o estudo e o trabalho que o rodeiam. Imagine se houver pessoas que tenham medo de me deixar partir e digam: "Por favor, nos dê uma célula sua para clonarmos". Se eu concordasse, também teria que dizer: "Bem, por favor, deixe esse clone em um mosteiro como o Deer Park na Califórnia, ou no Mosteiro Maple Forest em Vermont; caso contrário, ele sofrerá".

Nirvana

A impermanência e o eu nenhum não são regras que Buda nos deixou para serem seguidas. São chaves para abrirmos a porta da realidade. A ideia da permanência é incorreta, então o ensinamento sobre a impermanência nos ajuda a corrigir nossa visão de permanência. Se formos capturados pela ideia de impermanência, não realizamos o Nirvana. A ideia de *self* é incorreta, então usamos a ideia de o eu nenhum para curá-la. Se estivermos presos à ideia do eu nenhum, isso também não é bom para nós. A impermanência e o eu nenhum são chaves para a prática, não são verdades absolutas. Não devemos morrer nem matar por elas.

No budismo, não há ideias ou preconceitos pelos quais devamos matar. Não matamos pessoas pelo simples fato de não aceitarem nossa religião. Os ensinamentos de Buda são meios hábeis, e não verdades absolutas. Por isso, temos que dizer que a impermanência e o eu nenhum são meios hábeis que nos ajudam a nos aproximar da verdade; não são verdades absolutas. Buda disse: "Meus ensinamentos são um dedo apontando para a lua. Não fique pensando que o dedo é a lua. Foi por causa do dedo que você viu a lua".

O eu nenhum e a impermanência são modos de entender a realidade; não são a realidade em si. São instrumentos, e não verdades supremas. A impermanência não é uma doutrina que você deve sentir que tem que lutar ou morrer por ela. Você jamais colocaria alguém na prisão por ter contradito você. Você não está usando um conceito contra outro conceito. Esses instrumentos são para nos levar à verdade suprema. O budismo é um caminho hábil para nos auxiliar; não é um caminho de fanáticos. Budistas nunca podem entrar em guerra, derramar sangue e matar milhares de pessoas em nome da religião.

Como a impermanência contém dentro de si a natureza do Nirvana, você não corre o risco de ficar preso numa ideia. Ao estudar e praticar esse ensinamento, você se liberta de noções e conceitos, inclusive do conceito de permanência e impermanência. Dessa forma, nós chegamos à liberdade do sofrimento e do medo. Isso é Nirvana, o Reino de Deus.

A *extinção do conceito*

Ficamos amedrontados por causa das nossas ideias de nascimento e morte, crescer e decrescer, ser e não ser. Nirvana significa extinção de todas as noções e ideias. Se pudermos nos libertar dessas noções, conseguiremos tocar a paz de nossa verdadeira natureza.

Há oito conceitos básicos que servem para alimentar o nosso medo. São as noções de nascimento e morte, chegar e partir, igual e diferente, ser e não ser. Essas noções nos impedem de sermos felizes. O ensinamento dado para contrapor tais noções é chamado de *os oito nenhuns*, são eles: nenhum nascimento, nenhuma morte, nenhuma chegada, nenhuma partida, nenhum igual, nenhum diferente, nenhum ser, nenhum não ser.

Extinguindo ideias de felicidade

Cada um de nós tem uma ideia de como ser feliz. Seria muito proveitoso se dedicássemos um tempo reconsiderando nossas ideias de felicidade. Poderíamos fazer uma lista de tudo o que achamos que precisamos para sermos felizes: "Só posso ser feliz se..." Anote as coisas que você quer e as coisas que você não quer. De onde vieram essas ideias? Elas são verdadeiras? Ou são apenas suas ideias? Se estiver comprometido com uma ideia específica de felicidade, você não tem muita chance de ser feliz.

A felicidade que chega vem de várias direções. Se imaginar que a felicidade vem só de uma direção, você perderá todas essas outras oportunidades, porque você quer que a felicidade só venha da direção que você quer. Você diz: "Eu preferiria morrer a me casar com qualquer outra pessoa que não fosse esta. Eu preferiria morrer a perder meu emprego, minha reputação. Eu não posso ser feliz, a menos que eu consiga este diploma ou aquela promoção ou aquela casa". Você colocou muitas condições na sua felicidade. Então, se todas as suas condições forem satisfeitas, mesmo assim, você não se sentirá feliz. Continuará simplesmente criando novas condições para sua felicidade. Continuará querendo um grau mais elevado, um emprego melhor e uma casa mais bonita.

Um governo também pode acreditar que sabe qual a única maneira de fazer uma nação prosperar e ser feliz. Esse governo e a nação podem se comprometer com essa ideologia por cem anos ou mais. Durante esse tempo, seus cidadãos podem sofrer muito. Qualquer um que discorde ou ouse falar contra as ideias do governo será encarcerado. Podendo até ser considerado insano. Você pode transformar sua nação numa prisão por estar comprometido com uma ideologia.

Por favor, lembre-se de que suas ideias de felicidade podem ser muito perigosas. Buda disse que a felicidade só é possível no aqui e agora. Então retorne e examine profundamente suas noções e ideias de felicidade. Pode ser que você reconheça que as condições de felicidade que já existem em sua vida são suficientes. Então a felicidade pode ser sua instantaneamente.

QUATRO
Transformando o luto e o medo

A nuvem

Enquanto uma pessoa livre, eu
sempre posso chegar e partir,
não aprisionada em ideias
de é ou não é.
Não aprisionada em ideias de
existir ou inexistir.
Deixe seus passos não ter pressa.
Esteja crescendo ou minguando, a
lua é sempre lua.
O vento continua voando. Você
consegue senti-lo, meu querido?
Trazendo de longe a chuva para
nutrir a nuvem vizinha.
Do alto, caem gotas de luz solar
na terra abaixo
e o colo da terra toca o luminoso
jazigo do céu.

Thich Nhat Hanh

Num belo dia de sol, você olha para cima e vê uma nuvem bela e fofinha flutuando no céu. Você admira sua forma, o jeito como a luz se encontra com suas inúmeras curvaturas e a sombra que é lançada no campo verde. Você se apaixona por essa nuvem. Quer que ela fique com você e o mantenha feliz. Mas, depois, a forma e a cor da nuvem mudam. Mais nuvens se juntam a ela, o céu escurece e começa a chover. A nuvem deixa de ser visível para você. Tornou-se chuva. Você começa a chorar pelo retorno de sua amada nuvem.

Você não choraria se soubesse que, observando a chuva de forma profunda, continuaria a ver a nuvem.

No budismo há o ensinamento da ausência de sinais (*animitta*). "Sinal" significa a forma externa ou aparência das coisas. A prática da ausência de sinais é a prática de não se enganar com a forma externa ou aparência das coisas. Quando entendemos *animitta*, compreendemos que a aparência não diz tudo sobre a realidade.

Quando uma nuvem se transforma em chuva, você pode contemplar a chuva profundamente e ver que a nuvem continua ali, sorrindo e gargalhando para você. Isso o deixa feliz, e você consegue parar de chorar, pois não está mais ligado à aparência da nuvem. Se estiver abatido pelo seu luto, e continua chorando muito, é porque você ficou pra trás, aprisionado na forma ou sinal da nuvem. Você continua aprisionado numa aparência passada e não consegue ver a nova forma da nuvem. Você não foi capaz de seguir a nuvem enquanto ela se transformava em chuva ou neve.

Se você perdeu alguém e chorou muito mesmo, por favor, aceite o convite de Buda. Contemple profundamente e reconheça que a natureza daquela pessoa que você ama não nasce e não morre, não chega e não parte. Esse é o ensinamento de Buda que diz respeito à nossa verdadeira natureza.

Transformação

Vamos examinar o nascimento de uma nuvem. Você pode visualizar o calor, você pode ver o vapor, você pode ver a formação da nuvem no céu. Você sabe de onde veio a nuvem. Podemos entender as condições que ajudaram a nuvem a se manifestar no céu. Nossa observação e nossa prática de contemplar profundamente podem ser úteis. A ciência também pode nos explicar como se forma uma nuvem, como é sua jornada e qual é a sua aventura.

Se você amasse uma nuvem, com esse discernimento, saberia que ela é impermanente. Se você ama um ser humano, pode também saber que ele é impermanente. Se fosse se apegar a uma nuvem, você teria que ter muito cuidado. Você sabe que, de acordo com a lei da impermanência, muito em breve a nuvem vai se transformar em outra coisa, podendo se tornar chuva.

Você poderia dizer para a nuvem: "Querida nuvem, eu sei que você está aí e também sei que um dia você morrerá. Eu também devo morrer. Você vai se transformar em outra coisa, em outra pessoa. Sei que você continuará sua jornada, mas terei que contemplar profundamente para reconhecer sua continuação, para que eu não venha a sofrer demais".

Se você se esquecer da impermanência e estiver apegado à nuvem, quando chegar a hora da nuvem se transformar em chuva, você vai chorar: "Oh meu Deus, minha nuvem não existe mais. Como posso sobreviver sem ela?"

Mas, se você praticar a contemplação profunda, poderá ver a nuvem em suas novas formas, como a névoa ou a chuva. A chuva está sorrindo, cantando, caindo, cheia de vida, cheia de beleza. Mas, devido a um descuido seu, você não consegue reconhecer a presença da nuvem nessa nova manifestação. Você está aprisionado no luto. Fica chorando, chorando, e, enquanto isso, a chuva continua a chamá-lo: "Querido, querido, eu estou aqui, me reconheça!" Mas você ignora a chuva apesar de o tempo inteiro a chuva ser uma continuação da nuvem. Na verdade, a chuva é a própria nuvem.

Ao olhar uma nuvem, pode ser que você queira ser como uma nuvem flutuando livremente pelo céu. Como deve ser maravilhoso ser uma nuvem flutuando no céu! Você provaria um grande sentimento de liberdade. Ao ver a chuva caindo, cantando e criando música, pode ser que você também tenha o desejo de ser a chuva. Ela está nutrindo toda a vegetação e as vidas de incontáveis seres. Como é maravilhoso ser chuva!

Você acha que chuva e nuvem são coisas iguais ou diferentes? A neve no topo de uma montanha é tão branca, tão imaculada, tão bonita! É tão encantadora que você pode querer se ver como a neve. Quando, às vezes, você observa a água fluindo no riacho, vê sua beleza e pureza cristalina, e pode querer ser como uma água sempre fluindo. Nuvem, chuva, neve e água. São quatro coisas diferentes? Ou são realmente a mesma realidade, compartilhando a mesma razão de ser?

Medo nenhum

Em química, chamaríamos a razão de ser da água de H_2O: dois átomos de hidrogênio e um de oxigênio. A partir da razão de ser de uma molécula, muitas coisas podem se manifestar: nuvens, chuva, neve, água. É maravilhoso ser uma nuvem, mas também é maravilhoso ser chuva. Também é maravilhoso ser neve ou água. Se a nuvem se lembrar disso quando estiver prestes a se transformar e continuar em forma de chuva, ela não ficará tão assustada. Ela se lembrará de que é maravilhoso ser uma nuvem e que ser chuva caindo também é maravilhoso.

Quando a nuvem não está presa à ideia de nascimento e morte, ou de existir e inexistir, não há medo. Aprendendo com a nuvem, podemos nutrir o nosso destemor. O destemor alicerça o verdadeiro bem-estar. Enquanto houver medo em nós, a felicidade não pode ser perfeita.

Quando pratica a contemplação profunda, você compreende que sua verdadeira natureza não nasce e não morre; não existe e não inexiste; não chega e não vai embora; não é igual nem é diferente. Ao compreender isso, você se liberta do medo. Você se liberta do anseio e do ciúme. O destemor é a alegria suprema. Ao ter uma compreensão clara do destemor, você está livre. E como os grandes seres, você passeia serenamente nas ondas do nascimento e morte.

Manifestando e se escondendo

A verdadeira natureza de todos os fenômenos não nasce, não morre, não chega e não vai embora. Minha verdadeira natureza é a natureza de nenhuma chegada e nenhuma partida. Quando há condições suficientes, eu me manifesto e quando as condições já não são suficientes, eu me escondo. Não vou a lugar algum. Para onde eu poderia ir? Eu simplesmente me escondo.

Se o seu amado morreu há pouco tempo, pode ser que você ache difícil superar a perda. Pode ser que esteja chorando o tempo todo. Mas contemple profundamente. Existe um medicamento divino que o ajuda a superar a dor, a ver que o seu amado não nasce e não morre, não chega e não parte.

É somente por causa do nosso engano que achamos que a pessoa que amamos deixa de existir após o seu "falecimento". Isso acontece porque estamos apegados a uma das suas formas, uma das muitas manifestações daquela pessoa. Quando aquela forma desaparece, sofremos e sentimos tristeza.

A pessoa que amamos ainda existe. Está à nossa volta, dentro de nós e sorrindo para nós. Em nossa delusão, não conseguimos reconhecê-la e dizemos: "Ela deixou de existir". Questionamos várias e várias vezes: "Onde você está? Por que você me deixou só?" Nossa dor é grande por causa do nosso equívoco. Mas a nuvem não se perdeu. Nossa amada não está perdida. A nuvem está se manifestando numa forma diferente. Nosso amado está se manifestando de uma forma diferente. Se conseguirmos entender isso, sofreremos muito menos.

Tomando novas formas

Quando perdemos um ente querido, devemos nos lembrar de que aquela pessoa não se transformou em nada. "Algo" não pode se transformar em "nada" e "nada" não pode se transformar em "algo". A ciência pode nos ajudar a entender isso, pois a matéria não pode ser destruída – pode se tornar energia. E a energia pode se tornar matéria, mas não pode ser destruída. Da mesma forma, nosso ente querido não foi destruído; simplesmente tomou outra forma. Essa forma pode ser a de uma nuvem, de uma criança ou da brisa. Podemos ver nosso ente querido em tudo. E sorrindo, podemos dizer a ele: "Querido, eu sei que você está muito perto de mim. Eu sei que sua natureza é a natureza de nenhum nascimento e nenhuma morte. Eu sei que não o perdi; você sempre estará comigo".

Se contemplar profundamente em cada momento do seu cotidiano, você verá aquela pessoa. Praticando assim, você será capaz de superar o seu luto. O mesmo acontece com sua mãe ou seu pai. A verdadeira natureza deles é a natureza de nenhum nascimento, nenhuma morte, nenhuma chegada e nenhuma partida. Na realidade, você não perdeu ninguém que morreu.

A história do rio e das nuvens

Uma história que eu gosto de contar é a do rio que seguia as nuvens. Era um pequeno riacho vindo de uma nascente na montanha. Esse riacho era muito pequeno e jovem e queria chegar ao mar o mais rápido possível. Ele não sabia como ficar tranquilo no momento presente. Vivia apressado porque era muito jovem. Ele ainda não tinha realizado a prática de "chegar, e sentir-se em casa", então desceu a montanha, chegou às planícies e se tornou um rio.

Enquanto rio, ele tinha que se mover mais lentamente. Isso era irritante, pois ele receava nunca chegar ao mar. Mas, como era forçado a ir mais devagar, suas águas ficaram mais paradas. Sua superfície começou a refletir as nuvens no céu – nuvens cor de rosa, nuvens prateadas, nuvens brancas. Há tantas formas maravilhosas. O dia todo o rio ficava seguindo as nuvens. E ficou apegado às belas nuvens. Então o rio sofre, pois as nuvens são mutantes. Elas estão sempre se movendo com o vento, deixando o rio e indo embora para outro lugar. O rio sofria muito! O rio tentou muitas e muitas vezes segurar as nuvens. Era uma tristeza que as nuvens não parassem para ficar com ele.

Um dia, um vento tempestuoso soprou todas as nuvens. A abóbada do céu ficou muito clara, azul e vazia. Como o rio se desesperou... Não havia mais nuvem alguma para ele seguir. Não havia uma nuvem no céu. A vastidão do azul deixou o coração do rio desesperado. "Para que viver se não há nuvens? Para que viver sem a minha amada?" O rio queria morrer, mas como poderia um rio se matar? O rio chorou a noite inteira.

Naquela noite, o rio teve uma oportunidade de ouvir o seu próprio choro. O som do seu choro era o som das suas próprias ondas marulhando a costa. Quando conseguiu voltar-se para dentro de si e ouvir o seu próprio choro, o rio teve um *insight* muito maravilhoso. Ele compreendeu que a sua própria natureza era a mesma da nuvem. Era a nuvem. A nuvem jazia nas profundezas de seu próprio ser. Assim como o rio, a nuvem estava embebida em água. A nuvem era feita de água. Então o rio pensou: "*Por que preciso correr atrás da nuvem? Eu só precisaria correr atrás da nuvem se eu não fosse nuvem*".

Nessa noite de total solidão e depressão, o rio acordou e viu que ele também era nuvem. Na manhã seguinte, a vacuidade do azul do céu, que tinha feito o rio se sentir tão solitário, era agora algo novo e muito maravilhoso, claro e brilhante. O azul do céu estava refletindo a liberdade e a inocência recém-descobertas do rio. Ele sabia que a abóbada celestial era o lar de todas as nuvens e que nenhuma delas poderia existir do lado de fora da abóbada celestial. O rio entendeu que a natureza da nuvem era a de não chegar e não partir, então por que ele deveria chorar? Por que deveria chorar como se tivesse sido separado da nuvem?

O rio teve outro lampejo naquela manhã. Ele viu que a natureza celestial era sem nascimento e sem morte. Isso o deixou muito calmo e tranquilo. Ele começou a dar as boas-vindas e a refletir o céu. Antes disso, ele não tinha refletido o céu, somente as nuvens. Agora o céu estava sempre presente para o rio, dia e noite. Antes, o rio não queria entrar em contato com a verdadeira natureza dos fenômenos. Ele só queria entrar em contato com a mudança, com o nascimento e a morte. Agora que tinha estado em contato com a abóbada do céu, tornou-se muito tranquilo e quieto. O rio nunca tinha sentido tanta paz.

Quando as nuvens voltaram à tarde, o rio não estava mais apegado a nenhuma delas especificamente. Não havia uma nuvem que ele sentisse como uma nuvem especial. Ele sorria para cada nuvem que passava. Ele dava as boas-vindas e amava todas as nuvens.

Agora o rio sentia a alegria especial da equanimidade. Ele não era afeiçoado a nenhuma nuvem em particular nem estava sob o domínio de alguma nuvem específica. Ele amava todas elas. Podia desfrutar a companhia e refletir todas as nuvens que passavam pelo céu. Quando uma nuvem o deixava, o rio dizia: "Adeus. Vejo você em breve", e se sentia com o coração muito leve. Ele sabia que a nuvem voltaria para ele depois de ter se tornado chuva ou neve.

O rio era livre. Nem parecia que ele ainda precisava correr para o mar. Naquela noite, a lua cheia brilhou nas profundezas do rio. A lua, o rio e a água praticaram meditação juntos. O rio desfrutou o momento presente em liberdade. Ele estava livre de toda aflição.

Quando perseguimos um objeto na tentativa de agarrá-lo, nós sofremos. E quando não há objeto para correr atrás, também sofremos. Se você já foi um rio, se você saiu correndo atrás das nuvens, sofreu, chorou e se sentiu solitário, por favor, segure a mão de um amigo. Contemplando profundamente juntos, vocês podem compreender que o que estavam procurando sempre esteve presente. De fato, o que você procura é você mesmo.

Você é o que quer se tornar. Por que buscar mais? Você é uma manifestação maravilhosa. Todo o universo se uniu para tornar sua existência possível. Não há nada que não seja você. O Reino de Deus, a Terra Pura, o Nirvana, a felicidade e a libertação são todos você.

O mesmo corpo?

Suponha que façamos uma clonagem e que todas as células do nosso corpo sejam transformadas em um novo corpo. Será que isso significa que um espírito pode se transformar em vários espíritos? Que uma pessoa pode ser transformada em várias pessoas? Todas essas novas pessoas clonadas são iguais ou diferentes?

A ciência já avançou ao ponto de poder realizar a clonagem de animais. É possível que isso também possa ser feito com seres humanos. Se, por exemplo, tirarmos três células do meu corpo e fizermos três clones, esses clones e eu somos quatro pessoas ou uma única pessoa? Quando os clones foram criados, pode ser que eu já estivesse bem idoso e os três clones seriam muito jovens. Então, será que eu e essas três pessoas somos iguais ou diferentes?

Se praticamos meditação, podemos examinar profundamente com o poder da atenção consciente, das energias da concentração e da sabedoria. Então somos capazes de ver as coisas numa profundidade e clareza muito maiores. Buda foi alguém que praticou essa forma de meditação e compartilhou conosco o *insight* que teve. Nós também praticamos como um Buda e, se nos empenharmos, vamos ter *insights* como os que Buda teve.

Primeiro, devemos examinar profundamente as ideias de ser igual e ser diferente. Se perguntarmos a Buda: "Este corpo e os outros três clones são iguais ou diferentes?" Buda dirá: "Eles não são os mesmos e não são diferentes".

Impermanência significa que algo está sempre mudando. Pensamos que nosso corpo é permanente. De fato, nascimento e morte estão acontecendo em nosso corpo o tempo todo. A todo instante, muitas células estão morrendo e muitas outras estão nascendo.

Nós temos a ilusão de que os nossos corpos são sempre nossos corpos. Você nasceu um bebê. Sua mãe tirou uma foto sua quando você era pequeno, e agora você se tornou um homem ou uma mulher. Você acha que é a mesma pessoa que aquele bebezinho, ou é diferente?

Pensamos que o corpo de quando tínhamos cinco anos e o de quando tínhamos 50 anos são nossos corpos. Mas é errado pensar que esses corpos sejam os mesmos. Se você tiver um álbum de fotografias da família, por favor, observe-o e você verá como você era quando tinha seis anos e como é sua aparência agora aos 60. Você verá que as aparências dessas duas pessoas são muito diferentes. São dessemelhantes. Mas, em outro sentido, elas não são diferentes. Se não houvesse a criança de seis anos não haveria o adulto de 60. Essas duas pessoas não são iguais e não são diferentes. A impermanência é a explicação para esse enigma.

Após inspirar e expirar uma vez, nós já nos tornamos uma pessoa diferente. Desde o instante em que começamos a ler este livro até este momento, houve muitas mudanças em nossos corpos e consciências. Muitas células morreram; muitas células novas nasceram. O mesmo se aplica à nossa consciência. Pensamentos vêm e vão, sentimentos nascem e morrem. A manifestação e o término da manifestação estão acontecendo constantemente. Nós não permanecemos os mesmos em dois momentos consecutivos. O mesmo acontece com o rio, a chama, a nuvem ou o girassol.

Condições

Olhando uma caixa de fósforos de maneira profunda, você pode ver a chama. A chama ainda não se manifestou, mas você pode, como meditador, ver a chama. Todas as condições são suficientes para que ela se manifeste: há madeira, enxofre, uma superfície áspera e minhas mãos. Então, quando risco o fósforo, e a chama aparece, eu não chamaria isso de o nascimento de uma chama. Eu chamaria isso de manifestação de uma chama.

Buda disse que, quando as condições são suficientes, você se manifesta. Quando as condições deixam de ser suficientes, você interrompe aquela manifestação para se manifestar de outras formas, em outras condições.

Manifestando-se a partir de algo

O que você acha que é o nascimento? A maioria de nós acredita que o nascimento significa que algo, que ainda não existia, passou a existir. Temos o conceito mental de que nascer significa que, de repente, a partir do nada, você se torna algo; que de ninguém você de repente se torna alguém. A maioria das pessoas define nascimento desse jeito. Contemplando profundamente, vemos que essa definição não tem fundamento. Você não pode se tornar algo a partir do nada. Sendo ninguém, você nunca conseguiria se tornar alguém.

Antes do seu, assim chamado, aniversário, você já existia, no ventre da sua mãe. Então, aquele momento do parto é apenas um momento de continuação sua. Observe e veja se consegue encontrar o momento em que você se tornou algo a partir do nada. Teria sido o momento da concepção no ventre da sua mãe? Isso também não é correto, pois antes disso já havia algo, talvez metade no seu pai, metade na sua mãe; talvez um terço no seu pai, um terço na sua mãe, um terço no cosmos. Muitas "coisas" já estavam presentes. Se algo já existia, não precisaria nascer. O momento em que uma mãe está em trabalho de parto e depois dá à luz não é realmente o momento do nascimento; é apenas um momento de ter saído do útero e entrado no mundo.

No Zen, nós gostamos de fazer a pergunta: "Como era o seu rosto antes da sua avó nascer?" Faça essa pergunta a si mesmo e você começará a ver sua própria continuação. Você verá que sempre existiu. O momento da sua concepção é um momento de continuação, de manifestação sob outra forma. Se você continuar procurando, verá que, em vez de nascimento e morte, só há uma contínua transformação.

De onde vem a chama?

Eu posso dizer à chama: "Querida chama, por favor, se manifeste". Quando eu risco o fósforo, a chama acende. Mas também gostaria de perguntar a ela: "De onde você veio?"

A chama responderia assim: "Querido Thay, não vim de lugar algum e não vou a lugar algum. Quando as condições são suficientes, eu me manifesto". Essa é a verdade da natureza que não chega nem vai embora.

Vamos praticar a observação profunda da natureza da chama de uma vela. Ela é a mesma chama que a do fósforo que a acendeu? Ou é outra chama? Se mantivermos essa chama acesa por uma hora, ela queimará a vela mais embaixo. Pode parecer a mesma chama, mas isso é somente a nossa percepção. De fato, há uma multiplicidade de chamas se sucedendo a cada instante. Elas dão a impressão de ser sempre a mesma chama, mas não são. O combustível é diferente, o oxigênio é diferente. A sala mudou e, portanto, as condições são diferentes. Portanto, a chama não é exatamente a mesma.

Não leva muito tempo para a chama mudar, pois num segundo a chama é nutrida pela cera e pelo oxigênio na primeira parte da vela. No momento seguinte, o oxigênio e a cera estão sendo queimados, e novo combustível, nova cera e novo oxigênio agora estão queimando. Não é o mesmo combustível, portanto não é a mesma chama. Quando a vela fica mais curta, você vê que consumiu esse tanto de cera e de oxigênio, então você sabe que a chama está mudando o tempo todo. Assim como nós, a chama não permanece a mesma em dois momentos consecutivos.

Olhando só para uma chama, você já vê a natureza de nem ser a mesma, e nem ser diferente. Subjacente à nossa impressão de ser a mesma, há a natureza da impermanência. Nada pode permanecer o mesmo em dois momentos consecutivos. Isso se aplica a um ser humano, a uma nuvem, a tudo. Se você disser que a chama da vela, acesa há dez minutos, é a mesma chama que você vê agora, isso não está certo. Se você disser que existem mil chamas diferentes se sucedendo, isso também não está certo. A verdadeira natureza da chama é a natureza de nem ser igual, nem ser diferente. Se conseguirmos atravessar a ilusão do igual e do diferente, podemos transformar muito sofrimento em alegria.

Impressões

Nos sutras, há um exemplo excelente. No escuro, alguém segura uma tocha e desenha um círculo de fogo no ar. Outra pessoa, um pouco afastada, tem a impressão de que há um círculo de fogo. Mas não há círculo, só pontos de fogo que se sucedem, dando a impressão de que há um círculo de fogo. É como a ilusão de uma identidade fixa e a ilusão de permanência. O círculo de fogo é uma ideia. Não pode ser aplicado à realidade e não pode descrever a verdadeira realidade. Se você analisar o círculo de fogo, verá que há milhões de instâncias se movendo em rápida sucessão que dão a impressão de que há um círculo de fogo.

Quando filmamos alguém dançando, estamos tirando muitas fotos dessa pessoa. Tiramos tantas fotos que quando projetamos esses quadros um após o outro, temos a impressão de que há um fluxo de movimentos. Mas, de fato, são apenas inúmeras imagens estáticas, uma sucedendo a outra.

Quando olhamos para alguém, temos a impressão de que existe um eu ou entidade permanente. Pensamos ter reconhecido uma identidade hoje de manhã e que, quando olharmos hoje à noite, reconheceremos a mesma entidade. Se viajarmos para outro lugar e voltarmos após dez anos, também vamos reconhecer a mesma entidade. Mas isso é uma ilusão.

Há uma história muito engraçada nos sutras. Uma mulher deixou uma panela de leite com o vizinho, dizendo: "Por favor, guarde-a para mim. Eu devo estar de volta em dois ou três dias". Não havia refrigeração, então o leite coalhou e se tornou uma espécie de queijo. Quando a mulher voltou, disse: "Onde está meu leite? Eu deixei um leite aqui, não queijo, então esse não é o meu leite que deixei aqui". Buda disse que essa pessoa não entendeu a impermanência. O leite, se você deixá-lo descansando alguns dias, se tornará iogurte ou queijo. A pessoa só queria o leite de cinco dias atrás e se recusou a levar o queijo. Você acha que leite e queijo são a mesma coisa ou diferentes? Eles nem são iguais nem são diferentes, mas leva vários dias para o leite se tornar queijo. Com a visão da impermanência, podemos entender a verdade sobre o universo e todos os fenômenos, a verdadeira natureza de nem ser igual, nem ser diferente.

Presumimos que os fenômenos permanecem os mesmos para sempre; mas, na realidade, nada permanece o mesmo em dois momentos consecutivos. É por isso que a noção de uma identidade fixa também é uma ilusão, uma ideia que não pode ser aplicada à realidade.

Há uma corrente de manifestação, sim, e você pode atribuir a ela um nome, como o Rio Mississippi. Embora o nome não mude, a realidade muda. Você tem a impressão de que o rio está sempre presente ao seu dispor, mas a água não é a mesma, mesmo após um único momento. Os filósofos disseram que você nunca pode tomar banho duas vezes no mesmo rio. Essa é a natureza da impermanência sendo confirmada, não apenas por Buda, como também por Confúcio, Heráclito e muitos outros sábios que sabiam examinar profundamente a natureza da realidade.

São Francisco e a amendoeira

Num dia de inverno, enquanto caminhava em meditação pelo jardim, São Francisco de Assis viu uma amendoeira desfolhada. Ele se aproximou da amendoeira, inspirou e expirou conscientemente, e pediu à amendoeira que lhe falasse sobre Deus. De repente, a amendoeira ficou coberta de flores. Eu acredito que essa história seja verdadeira, pois um contemplativo como São Francisco era capaz de ver as profundezas da realidade. Ele não precisava ter o calor da primavera para compreender que as flores de amêndoa já estavam ali.

Convido você a observar uma caixa de fósforos com os olhos de São Francisco, com os olhos de Buda. Você tem esses olhos. Você consegue ver a chama já na caixa de fósforos? Ela não se manifestou, mas já está ali em algum lugar. Observando de maneira profunda, você já pode ver a chama. Todas as condições estão presentes para a chama se manifestar, exceto uma – um movimento dos seus dedos. Você pode fornecer essa última condição e ver a chama se manifestando.

Quando acender um fósforo, por favor, faça isso com muita atenção. Observe todas as condições. Pergunte à chama: "Querida chamazinha, de onde você veio?" Quando apagá-la, questione: "Para onde você foi?" Pensamos que a chama, que nasceu há pouco tempo, agora esteja morta. Será que existe algum lugar no espaço, separado de nós, para onde foi a chama? Acho que não.

Buda disse que não há chegada e não há partida. Esses questionamentos foram feitos muitas vezes por filósofos, que usaram muito papel, tinta e saliva tentando respondê-los. Observando de maneira profunda com o olhar de Buda, você pode encontrar a resposta.

A realidade como ela é

A palavra sânscrita *"Tathātā"* [*suchness* em inglês, traduzida como talidade] significa a realidade como ela é: isso "é assim". Você não pode descrever a realidade por meio de conceitos, ou ideias sobre nascer e morrer, ser e não ser, chegar e partir. Nenhuma palavra, nenhuma ideia e nenhum conceito podem descrever a realidade: seja a realidade de uma mesa, a realidade de uma flor, a realidade de uma casa, a realidade de um ser vivo.

Às vezes, você fica com raiva do seu pai e diz: "Não tenho nada a ver com ele!" Que declaração! Você ignora que você e seu pai pertencem à mesma realidade, que você é uma continuação dele; você é ele. Observe se você é igual ao seu pai ou diferente dele. Nossa verdadeira natureza nem é a mesma, nem é diferente. Você e seu pai não são os mesmos; e vocês também não são diferentes.

Quando você ajudar a chama a se manifestar, riscando o fósforo, observe de maneira profunda e poderá ver que a chama não vem do nada e não vai para lugar algum. Use a chama do fósforo para acender uma vela. A chama da vela é igual ou diferente daquela do fósforo? Se você tiver uma segunda vela e acendê-la também, poderá questionar se as três chamas são iguais ou diferentes.

Observando a chama de uma vela, podemos ver nessa mesma chama que a ideia de "nem ser igual, nem ser diferente" se aplica não só às chamas das duas velas distintas, como também à chama que acendeu ambas as velas. Essa chama não é a mesma e não é diferente porque cada momento seu é único. O momento seguinte é um momento em que ela se manifesta de uma nova maneira.

A manifestação de algo ou de alguém não depende de uma condição apenas; mas de muitas. Portanto, a ideia de que uma causa pode causar um efeito é incorreta. Uma causa nunca é suficiente para fazer com que algo se manifeste.

Quando estávamos contemplando a chama, não examinamos de forma suficientemente profunda para ver todas as condições. Sabemos que a chama é nutrida pelo palito, pela madeira e pelo combustível. É verdade que nada pode sobreviver sem combustível, mas o combustível é somente um elemento, uma condição. A chama só consegue se manifestar quando todos os elementos estão presentes. Se não houver oxigênio no ar, a chama não poderá ficar acesa por muito tempo. A chama depende da madeira, do pavio, do oxigênio. A chama já está lá na caixa de fósforos. Não precisa nascer, só precisa se manifestar quando as condições estão adequadas.

Talvez sejamos apenas um menino ou uma menina de 12 anos de idade e não tenhamos os nossos próprios filhos. Mas em nossa pessoa, existem todas as causas e condições para a manifestação de filhos e netos. É só uma questão de tempo e condições.

Uma folha de papel

*Não há partida nem chegada,
não há antes nem depois.*

Eu te mantenho junto a mim
Eu te solto para ser livre;
Eu estou em ti
E tu estás em mim.

A inexistência de chegada e de partida é a verdadeira natureza da realidade. Você veio de lugar nenhum; você irá para lugar nenhum. A rosa, a nuvem, as montanhas, as estrelas, o Planeta Terra, tudo é assim: tem a natureza de não chegar e não partir. Morrer não significa que você era algo e se transformou em nada. Nascer não significa que você era ninguém e de repente se tornou alguém. Tudo o que existe é manifestação baseada em condições suficientes e a cessação da manifestação baseada na falta de condições adequadas.

A folha de papel onde essas palavras estão sendo escritas tem uma história. Esta página do livro que você está segurando nas mãos ganhou forma em determinado momento. Isso não significa que aquele foi o momento do seu nascimento. A folha do livro já existia enquanto luz solar, enquanto tronco de uma árvore, enquanto nuvem e terra. O momento em que o livro saiu da gráfica foi apenas o seu momento de manifestação.

Então devemos perguntar: "Querida folhinha de papel, você já existia antes de nascer?" A folha de papel responderá: "Sim, enquanto árvore, enquanto luz solar, enquanto nuvem e chuva, enquanto minerais e terra. O momento de eu me tornar uma folha de papel foi um momento de continuação. Eu não vim do nada. Eu vim do cosmos. Fui árvore, fui nuvem, fui a luz do sol, solo e tudo o mais".

Contemplando profundamente a folha de papel, você ainda pode ver as árvores, as nuvens e o sol. Você não precisa ir ao passado. Essa é a vantagem de ser um(a) meditador(a); você não precisa viajar. Você simplesmente se senta e contempla profundamente, e verá e reconhecerá tudo. A folha de papel contém todas as informações sobre o cosmos, inclusive informações sobre a nuvem, sobre o sol, as árvores e a terra. Se você enviar de volta algum desses elementos à sua origem, a folha de papel deixará de existir. Se você devolvesse o sol ao sol, não haveria floresta nem papel. Por isso o sol está no papel. Ao entrar em contato com a folha de papel, você entra em contato com o sol, com a nuvem, com a chuva, com a terra e todo o cosmos. Uma manifestação contém tudo.

Se passar os dedos sobre o papel, você poderá sentir a nuvem nele. Sem a chuva, que vem da nuvem, não haveria papel. Quando estiver passando os dedos sobre a folha de papel, você estará passando os dedos sobre as árvores da floresta. Ao tocar o papel com os nossos dedos, podemos tocar o sol e todos os minerais da terra. Todas essas condições estão no papel. Quando podemos entrar em contato com o papel com a nossa compreensão desperta, estamos em contato com toda a existência.

Quando contemplamos esta folha de papel de maneira profunda, podemos ver a floresta. Sem a floresta não haveria árvore, sem as árvores não poderíamos fabricar papel. Então, esta folha de papel não veio do nada; veio de algo como as árvores. Mas as árvores não bastam para fabricar a folha de papel. A luz solar nutre as árvores; as nuvens regam as árvores; o solo, os minerais e uma infinidade de outros fenômenos ajudam a folha de papel a se manifestar. E depois tem que existir um madeireiro que corte a árvore, e o trabalhador da lanchonete que fez o sanduíche para o madeireiro almoçar, e as pessoas que formaram a empresa que paga os madeireiros. Essas coisas não existem fora da folha de papel. Elas são unas com o papel.

Você pode pensar: "*Como posso identificar esta folha de papel com a floresta? A floresta está fora do papel*". Se você remover a floresta ou a nuvem da folha de papel, ela se desmonta. Se não houvesse nuvens nem chuva, como as árvores poderiam crescer? Como poderíamos fabricar a massa de celulose para produzir uma folha de papel?

A folha de papel não tem aniversário e você não tem aniversário. Você existia antes de nascer. Na próxima vez que você comemorar seu aniversário, pode ser que queira alterar a música para "Feliz dia da continuação". Se for verdade que o aniversário é um dia de continuação, então o que você chama de dia da morte também é um dia de continuação. Se a sua prática for sólida, no momento da morte, você cantará uma canção de feliz continuação.

Tente criar o nada

Você pode tentar transformar uma folha de papel em nada. Isso é possível? Risque um fósforo e queime-a para ver se ela se transforma em nada ou se se transforma em outra coisa. Isso não é teoria apenas – é algo que podemos provar. Inspire e expire enquanto acende o fósforo. Testemunhe a transformação de uma folha de papel. Ao acender o fósforo, esteja consciente de que a chama não precisa nascer. Com as condições adequadas, tudo o que ela precisa é se manifestar, para que possamos vê-la. Enquanto toca fogo no papel, veja a fumaça. O calor é suficiente para queimar seus dedos. Onde está o papel agora?

Quando você toca fogo na folha de papel, ela deixa de estar na forma de papel. Se você a seguir com atenção, verá que a folha de papel continuará de outras formas. Uma dessas formas será a fumaça. A fumaça da folha de papel se eleva e se juntará a uma ou duas nuvens já existentes no céu. Agora, ela está participando de uma nuvem e podemos dar adeus pra ela. Adeus folha de papel, até breve. Amanhã, no próximo mês, haverá chuva e uma gota d'água poderá cair na sua testa. Essa gota de água é sua folha de papel.

Outra forma que o papel toma é a cinza. Você pode devolver a cinza ao solo; nessa hora, a terra se torna uma continuação da folha de papel. Talvez no próximo ano você veja a continuação do papel em uma minúscula florzinha ou numa folhinha de grama. Essa é a vida após a morte de uma folha de papel.

Durante o processo de ser queimada, a folha de papel também se tornou calor. Esse calor penetra em nossos corpos, mesmo que você não esteja muito próximo da chama. Agora você carrega a folha de papel em você. O calor penetra profundamente o cosmos. Se você é um cientista e possui instrumentos muito sofisticados, pode medir os efeitos desse calor até mesmo em planetas e estrelas distantes. Então eles se tornam uma manifestação, uma continuação da folhinha de papel. Não podemos saber até onde a folha de papel irá.

Os cientistas dizem que o fato de você bater palmas pode causar um impacto numa estrela distante. O que está acontecendo conosco pode afetar uma galáxia distante. E a galáxia distante pode nos afetar. Tudo está sob a influência de tudo o mais.

Nada está perdido

Meditar significa ser convidado a uma jornada de profunda contemplação a fim de contatar a nossa verdadeira natureza e reconhecer que nada está perdido. Por isso, podemos superar o medo. O destemor é a maior dádiva da meditação. Com ele, podemos superar a tristeza e aflição.

Somente o nada pode advir do nada. Algo não pode advir do nada, e nada não pode advir de algo. Se algo já existe, não precisa nascer. O momento do nascimento é apenas um momento de continuação. Você pode ser visto como um bebê no assim chamado dia do seu nascimento, e todo mundo agora pensa em você como existindo. Mas você já existia antes daquele dia.

Morrer, na concepção que temos da morte, significa que a partir de algo a pessoa, de repente, se torna o nada. De alguém, de repente, você se torna ninguém – essa é uma ideia horrível e sem sentido. Será que algo que não nasceu terá que morrer algum dia? Será que você consegue reduzir a folha de papel à inexistência, ao nada?

Eu posso garantir que uma folha de papel nunca nasceu, pois nascer significa tornar-se algo a partir do nada, tornar-se repentinamente alguém a partir de ninguém. Essa ideia não é condizente com a realidade. Sua verdadeira natureza é uma natureza sem nascimento; a natureza da folha de papel também é uma natureza sem nascimento. Você nunca nasceu; você sempre existiu por muito, muito tempo.

Você sempre existiu

Quando era criança, pode ser que você tenha gostado de brincar com um caleidoscópio. Cada movimento que você fazia com os dedos criava um maravilhoso padrão de cores. Se movimentasse um pouquinho o caleidoscópio, o que você veria iria mudar. Era também muito lindo, embora diferente. Você poderia dizer que os diferentes padrões no interior do caleidoscópio nasciam ou morriam; mas, enquanto criança, você não se lamentava desse tipo de nascimento e morte. Pelo contrário, você continuava se deleitando em ver diferentes formas e cores.

Se somos capazes de tocar o fundamento do nascimento-nenhum e da morte-nenhuma, não vamos ter medo. Esse é o fundamento da nossa verdadeira felicidade. Enquanto o medo ainda estiver em você, sua felicidade não pode ser perfeita. O Bodisatva Avalokiteshvara nos ofereceu o Sutra do Coração. Nesse sutra, aprendemos que a realidade é como é, não estando condicionada por nascimento, morte, chegada, partida, existência, inexistência, aumento, diminuição, ser maculada ou imaculada. Estamos cheios de todas essas ideias, e sofremos porque ficamos aprisionados nelas. Nossa verdadeira libertação significa nos libertarmos das ideias.

Quando você chega num centro de prática, espera aliviar um pouco seu sofrimento. Você espera ter algum alívio, mas o maior alívio de todos pode ser obtido simplesmente tocando sua verdadeira natureza, a natureza sem nascimento e sem morte. Esse é o ensinamento mais profundo que Buda nos ofereceu.

Nenhuma criação

Olhe para o girassol brotando no jardim. O girassol depende de tantos elementos para se manifestar. Há uma nuvem na flor porque se não houvesse nuvens não haveria chuva, e girassol nenhum poderia brotar. Há luz solar no girassol. Sabemos que sem o sol nada pode ser cultivado; não haveria girassol. Nós vemos a terra, vemos os minerais, vemos o fazendeiro e o jardineiro, e vemos o tempo, o espaço, as ideias, a vontade de crescer e muitos outros elementos. Portanto, os girassóis dependem, não apenas de uma, mas de muitas condições para se manifestarem.

Eu prefiro usar a palavra "manifestação" em vez de "nascimento" e também gosto de usá-la no lugar de "criação". Em nossa mente, "criar" também significa que algo foi levado adiante a partir do nada. O fazendeiro que cultiva girassóis não cria os girassóis. Se você olhar de maneira profunda, entenderá que o agricultor é apenas uma das condições que pode fazer com que os girassóis brotem. Existem as sementes de girassol armazenadas no celeiro, os campos a céu aberto, onde você pode plantar os girassóis, existem nuvens no céu para criar a chuva, os fertilizantes, a luz do sol que ajuda o girassol a crescer. Você, o agricultor, realmente não é o criador do girassol. Você é apenas uma das condições. Sem você, os girassóis não poderiam se manifestar. Mas o mesmo aconteceria também em relação às outras condições. Todas são igualmente importantes para a manifestação do girassol.

Quando você visitar Plum Village no mês de julho, verá muitos girassóis nas colinas dos arredores. Centenas de milhares de girassóis todos viram em direção ao leste, sorridente e brilhante. Se você vier no mês de maio ou abril, as colinas estarão nuas. Mas quando os agricultores andam pelos campos, eles já podem ver os girassóis. Eles sabem que os girassóis foram plantados, que todas as condições são suficientes. Os agricultores semearam as sementes; o solo foi preparado. Só falta uma condição – o calor que virá em junho e julho.

Não é porque algo se manifesta que você pode descrever aquilo como existindo. Não é porque não se manifestou ou cessou sua manifestação que você pode chamá-lo de inexistente. "Ser" e "não ser" não podem ser aplicados à realidade. Ao contemplar profundamente, você compreende que a realidade não está sujeita ao nascimento e à morte, à existência e à inexistência.

Quando Paul Tillich disse: "Deus é o fundamento do ser", esse "ser" não deve ser confundido com o ser que se opõe ao não ser. Você está convidado a examinar profundamente a noção de ser para se libertar dela.

CINCO

Novos começos

Onde Jesus estava antes de nascer? Ao longo dos anos, tenho feito essa pergunta a vários cristãos amigos meus. Se quisermos examinar essa questão em profundidade, devemos explorar a vida e a morte de Jesus em termos de manifestação. Jesus Cristo não era ninguém antes de nascer. Não foi em Belém que Jesus nasceu. O evento da natividade foi apenas uma ocasião de manifestação; Jesus existia sim antes do momento considerado como o seu nascimento ou natividade. Portanto, não devemos chamá-lo realmente de nascimento. Não é realmente a natividade. É realmente apenas uma manifestação. Ao observarmos com a visão da manifestação, temos a oportunidade de examinar em profundidade a pessoa de Jesus. Podemos descobrir a verdade da sua imortalidade. Podemos descobrir a verdade da nossa própria natureza sem nascimento e sem morte.

Os cristãos dizem que Deus enviou o seu único filho, Jesus. Considerando que Deus existia, que Jesus é parte de Deus, e Jesus é o Filho de Deus, então Jesus já existia. O dia do nascimento de Cristo, o Natal, é um dia de manifestação, não um dia de natividade. Esse dia só foi o momento em que a manifestação aconteceu.

Jesus Cristo continua se manifestando em milhares e milhares de formas. Ele está se manifestando à sua volta. Precisamos estar alertas para reconhecer as manifestações de Jesus. Se você não estiver consciente ou atento, vai deixá-lo escapar, pois não perceberá suas manifestações. De manhã quando você pratica caminhando em meditação, você pode reconhecer Jesus se manifestando como uma flor, como uma gota d'água, como um canto de passarinho ou como uma criança brincando no gramado. Temos que ter muito cuidado para não deixar passar essas coisas.

Segundo o ensinamento e a compreensão de Buda, nós todos compartilhamos a natureza que não nasce e não morre. Não apenas os seres humanos, mas também os animais, as plantas e os minerais compartilham a natureza destituída de nascimento e morte. Uma folha e uma flor compartilham a mesma razão de ser sem nascimento e sem morte. O que há é a manifestação de uma flor, de uma folha ou nuvem. Durante o inverno, não vemos girassóis nem libélulas, e não ouvimos o pássaro cuco cantar. É como se eles não existissem no inverno, mas sabemos que essa ideia está errada. No início da primavera, todos esses seres se manifestarão novamente. Durante o inverno, eles estiveram em outro lugar, em outra manifestação, esperando até que as condições ficassem favoráveis para se manifestarem novamente. Qualificá-los como inexistentes no inverno é uma percepção equivocada.

"Falecer" não significa "desaparecer"

Também devemos questionar: Se Jesus não nasceu, como ele poderia morrer? Mesmo tendo sido crucificado, Jesus deixou de existir? Será que ele precisou ser ressuscitado?

Seria possível que a crucificação dele não tenha sido uma morte? Seria possível que tenha sido uma ocultação? A verdadeira natureza de Jesus é a natureza sem nascimento e sem morte. Não é só em relação a Jesus que isso é verdadeiro. Nesse sentido, o mesmo acontece com uma nuvem, um girassol, você e eu. Nós não nascemos e não morremos. E como Jesus Cristo não é afetado pelo nascimento e pela morte, nós o chamamos de Cristo Vivo.

Aprender a olhar os fenômenos em termos de manifestação é uma sabedoria real e profunda. Se uma pessoa muito próxima de você faleceu, e você a define como inexistente, está enganado. Algo não pode nascer do nada. Alguém não pode nascer de ninguém. Algo não pode se transformar em nada. Alguém não pode se transformar em ninguém. Essa é a verdade. Se a pessoa próxima a você não está manifesta da forma que você estava acostumado a vê-la ou percebê-la, isso não quer dizer que ela inexista. Isso não significa que ela não esteja presente. Se você contempla profundamente, poderá entrar em contato com a presença daquela pessoa em outras formas de manifestação.

Um dia, eu peguei a mão de um jovem pai que tinha acabado de enterrar seu filhinho. Convidei-o para caminhar comigo para descobrir o filho dele em outras formas.

O filho dele tinha ido à Plum Village quando era muito jovem e aprendeu a gostar de comida vegetariana. Ele me deu sua mesada e um trocadinho a mais e me pediu para comprar uma ameixeira e plantá-la para ele. Ele queria participar do trabalho de apoio às crianças famintas no mundo plantando uma árvore frutífera em Plum Village. Ele sabia que uma ameixeira dá muitos frutos. E que poderíamos vender a fruta e enviar o dinheiro para crianças famintas no terceiro mundo. Ele aprendeu a andar e se sentar em meditação e praticava muito bem o Darma. Quando ele estava doente, fui visitá-lo no hospital em Bordeaux. Ele me disse: "Vovô monge, vou andar em meditação para você ver". Embora estivesse um tanto fraco, ele desceu da cama e caminhou lindamente em direção a mim. Logo após a minha visita, ele morreu. No dia da cremação dele, borrifei água-benta e cantei o Sutra do Coração para ele. Uma semana depois, peguei a mão de seu pai, enquanto caminhávamos em meditação, e mostrei a ele muitas outras manifestações de seu garotinho. Juntos, visitamos a ameixeira que eu havia plantado para o filho e, quando nos sentamos à luz da tardinha, vimos o garotinho dele acenando para nós em todos os galhos e botões de flor.

Contemplando a realidade de maneira profunda, você pode descobrir muitas coisas. Você pode superar tanto sofrimento e combater muitas percepções erradas. Se pudermos permanecer tranquilos na dimensão suprema, não nos afogaremos no oceano de sofrimento, aflição, medo e desespero.

Manifestando-nos de novo

Na dimensão suprema, nunca nascemos e nunca morreremos. Na dimensão histórica, vivemos dispersos e quase nunca estamos realmente vivos. Vivemos como mortos-vivos.

No romance *O estrangeiro* de Albert Camus, o personagem principal atira e mata alguém por desespero e raiva. Ele recebe sentença de morte pelo crime cometido. Um dia, quando estava deitado na cama da cela do presídio, olhou para a claraboia quadrada sobre ele. De repente, ficou consciente e entrou em contato profundo com o céu azul acima. Ele nunca tinha visto o céu azul daquele jeito antes. Camus chamou isso de um momento de consciência, que é um momento em estado de consciência ou de atenção plena. Para o condenado, aquela foi a primeira vez na vida que ele tinha realmente entrado em contato com o céu e compreendido o milagre que era o céu.

A partir daquele momento, ele quis manter esse tipo de consciência brilhante, acreditando que esse era o único tipo de energia que poderia mantê-lo vivo. Só lhe restavam três dias para sua execução. Ele pratica sozinho na prisão para manter viva aquela consciência, aquela atenção plena. Ele fez o juramento de viver cada minuto desses três dias que lhe restam, de forma plena e consciente. No último dia, um padre veio visitá-lo para realizar os últimos ritos. O condenado não queria perder seu tempo de consciência recebendo os sacramentos. Inicialmente, ele resiste, mas finalmente abre a porta para o sacerdote entrar. Quando o padre vai embora, o prisioneiro comenta para si mesmo que o padre vive como um morto-vivo. Ele não conseguiu ver no padre nenhuma das qualidades de consciência ou atenção.

Se você vive inconscientemente é o mesmo que estar morto. Esse tipo de existência não pode ser denominado "estar vivo". Muitos de nós vivemos como mortos-vivos, pois vivemos inconscientes. Levando nossos cadáveres conosco, circulamos pelo mundo. Somos puxados em direção ao passado ou ao futuro ou ficamos aprisionados em nossos projetos, ou no desespero e na raiva. Não estamos realmente vivos; não estamos habitados pela consciência do milagre de estar vivo. Albert Camus nunca estudou o budismo, mas em seu romance ele fala sobre uma prática central do budismo, o *momento da consciência*, o momento da consciência profunda ou do despertar.

A prática da ressurreição, ou de manifestar de novo, é possível para todos nós. Nossa prática é sempre ressuscitar a nós mesmos, retornando à nossa mente e corpo com a ajuda das práticas de respirar e caminhar conscientemente. Isso produzirá nossa verdadeira presença no aqui e no agora. Assim podemos nos tornar vivos de novo. Seremos como pessoas mortas renascidas. Estamos livres do passado, estamos livres do futuro, e capazes de nos estabelecer no aqui e agora. Estamos inteiramente presentes no aqui e agora, estamos verdadeiramente vivos. Essa é uma prática fundamental do budismo. Esteja comendo, bebendo, respirando, andando ou sentando, você pode praticar a ressurreição. Permita-se viver sempre estabelecido no aqui e agora – totalmente presente, totalmente vivo. Essa é a verdadeira prática da ressurreição.

O único momento em que podemos estar vivos

> *Cheguei, estou em casa*
> *no aqui e no agora.*
> *Estou forte, estou livre.*
> *Eu sou forte, eu sou livre.*
> *Eu moro na última dimensão.*

Não podemos gozar a vida se passarmos muito tempo nos preocupando com o que aconteceu ontem e com o que acontecerá amanhã. Nós nos preocupamos com o amanhã porque temos medo. Se estivermos com medo o tempo todo, não conseguimos apreciar o fato de estarmos vivos e de podermos ser felizes agora.

Em nossa vida cotidiana, temos a tendência de acreditar que a felicidade só é possível no futuro. Estamos sempre procurando por coisas melhores, condições favoráveis que nos deixarão felizes. Fugimos do que está acontecendo bem à nossa frente. Tentamos encontrar coisas que nos fazem sentir mais fortes, mais seguros e protegidos. Mas vivemos o tempo inteiro com medo do que o futuro trará. Temos medo de perder nossos empregos, nossas posses, as pessoas próximas que amamos. Então, esperamos o momento mágico – algum momento futuro – quando tudo estará do jeito que gostamos, como queremos que esteja.

Mas a vida só está disponível no momento presente. Buda disse: "É possível viver feliz no momento presente. Este é o único momento de que dispomos".

Quando você retorna ao aqui e agora, reconhecerá as várias condições de felicidade já existentes. A prática da atenção plena é a prática de retornar ao aqui e agora para entrar em contato profundo consigo mesmo, com a vida. Temos que nos treinar para fazer isso. Mesmo que sejamos muito inteligentes e entendamos isso rapidamente, mesmo assim temos que nos treinar para viver dessa maneira. Temos que nos treinar para reconhecer as condições da nossa felicidade que já estão aqui.

Verdadeiro lar

Nosso verdadeiro lar é o aqui e o agora. O passado já se foi e o futuro ainda não chegou. "Cheguei, estou em casa, no aqui e no agora." Essa é a nossa prática.

Você pode recitar esse *gatha*, ou poema, enquanto caminha em meditação ou se senta em meditação. Você pode praticar esse poema enquanto dirige até o seu escritório. Pode ser que não tenha chegado ao escritório; mas, mesmo enquanto estiver a caminho, você já chegou ao seu verdadeiro lar: o momento presente. E quando chega ao seu escritório, esse também é o seu verdadeiro lar. Quando estiver no seu escritório, também está no aqui e no agora.

Somente praticar a primeira linha do poema "Cheguei, estou em casa" já pode deixar você muito feliz. Esteja você sentado, esteja você andando, esteja você aguando a horta no jardim ou alimentando seu filho, é sempre possível praticar "Cheguei, estou em casa". Não estou mais correndo; eu corri minha vida inteira; agora estou determinado a parar e realmente viver minha vida.

O que você está esperando?

Os franceses têm uma música chamada *Qu'est-ce qu'on attend pour être heureux?* [O que você está esperando para ser feliz?]. Quando inspiro conscientemente e digo: "Cheguei", isso é uma conquista, uma realização. Agora estou totalmente presente, 100% vivo. O momento presente se tornou o meu verdadeiro lar.

Quando expiro conscientemente, digo: "Estou em casa". Se não se sentir em casa, você vai continuar correndo. E vai continuar a ter medo. Mas, se sentir que já está em casa, não precisará mais correr. Esse é o segredo da prática. Quando vivemos no momento presente, é possível viver verdadeiramente feliz.

Apreciando a Terra

Eu tenho contado essa história há muitos anos. Suponha que dois astronautas vão à Lua. Ao chegarem lá, eles sofrem um acidente e descobrem que têm oxigênio suficiente para dois dias. Não há esperança de alguém vir da Terra a tempo de resgatá-los. Eles têm somente dois dias para viver. Se naquele momento perguntassem a eles: "Qual é o seu maior desejo?", eles responderiam: "Voltar para casa, andar sobre o belo Planeta Terra". Isso lhes bastaria; eles não iam querer nada mais. Não iam querer ser chefes de uma grande corporação, grandes celebridades ou presidentes dos Estados Unidos. Eles não iam querer nada, exceto estar de volta à Terra – caminhar na Terra, curtir cada passo, ouvir os sons da natureza e segurar a mão da pessoa amada enquanto contemplam a Lua.

Devemos viver todos os dias como pessoas que acabaram de ser resgatadas da Lua. Estamos na Terra agora e precisamos gostar de caminhar neste planeta belo e precioso. O mestre zen Lin Chi disse: "O milagre não é andar sobre a água, mas andar sobre a terra". Eu aprecio esse ensinamento. Gosto de simplesmente caminhar, mesmo em lugares movimentados, como aeroportos e estações de trem. Caminhando desse jeito, acariciando nossa Mãe Terra a cada passo, podemos inspirar outras pessoas a fazer o mesmo. Podemos aproveitar cada minuto de nossas vidas.

SEIS
O endereço da felicidade

Se você quiser saber onde Deus, os Budas e todos os grandes seres vivem, eu posso lhe dizer. O endereço deles é este: o aqui e agora. O aqui e agora tem tudo de que você precisa, inclusive o código postal.

Se você consegue inspirar e expirar e andar no espírito de "cheguei, estou em casa, no aqui e no agora", você vai notar que está se tornando mais forte e mais livre imediatamente. Você se estabeleceu no momento presente, no seu verdadeiro endereço. Nada consegue pressionar você a sair correndo, ou deixá-lo tão amedrontado. Você está livre de preocupações concernentes ao passado. Você não está aprisionado em pensamentos sobre o que ainda não aconteceu e naquilo que não pode controlar. Você está livre de culpas relacionadas ao passado e está livre de preocupações acerca do futuro.

Somente uma pessoa livre pode ser uma pessoa feliz. O tanto de felicidade que você dispõe depende do tanto de liberdade que você possui no coração. Liberdade aqui não significa liberdade política. Liberdade aqui significa estar livre de arrependimento, livre de medo, ansiedade e aflição. "Cheguei, estou em casa, aqui e agora."

"Eu sou forte, eu sou livre." É isso o que você sente, o que você se torna, quando chega no aqui e agora. Você não está só dizendo isso para si mesmo – você está compreendendo, e sentindo isso. E quando faz isso, estará em paz. Você experimentará o Nirvana ou Reino de Deus, ou qualquer outro nome que queira chamar. Mesmo não estando aprisionado em muitas preocupações, se você não estiver forte e livre, como pode ser feliz? Cultivar a solidez e liberdade no momento presente é o maior presente que podemos nos ofertar.

Morando na última dimensão

"Eu moro na última dimensão." A dimensão última é o fundamento do nosso ser, é a nossa razão de ser. O supremo, ou Deus, ou o divino, não existe separado de nós. Vivemos nele o tempo todo. Não está localizado em algum lugar lá longe, além do céu. Mas temos que viver em nosso verdadeiro lar, a fim de morar na última dimensão, a fim de viver na suprema dimensão.

É como a onda e a água. Se nós observarmos uma onda, veremos que uma onda pode ter um começo e um fim. Uma onda pode ser alta ou baixa. Uma onda pode ser como outras ondas, ou pode ser diferente. Mas a onda é sempre feita de água. A água é o fundamento da onda. Uma onda é uma onda, mas também é água. A onda pode ter um começo e um fim, pode ser grande ou pequena, mas com a água não há começo, nem fim, nem subida, nem descida, nem isso, nem aquilo. Quando a onda percebe e compreende isso, ela se liberta do medo de começar e findar, de subir e descer, ser grande ou pequena, ser isso ou aquilo.

Na dimensão histórica, temos tempo e espaço, e pares de opostos: certo e errado, jovens e velhos, chegar e partir, puros e impuros. Temos expectativa de iniciar e medo de terminar. Mas a dimensão última não possui nenhuma dessas coisas. Não há começo nem fim, nem antes, nem depois. A dimensão suprema é o chão que possibilita a dimensão histórica. É a fonte original e contínua do ser. É o Nirvana. É o Reino de Deus.

Nosso alicerce é o Nirvana, a realidade última. Você pode chamá-la de Deus ou Reino de Deus. É a água em que vivemos. Você é uma onda, mas ao mesmo tempo também é água. Você tem uma dimensão histórica e também uma dimensão suprema. Se entendermos que nossa verdadeira natureza não nasce nem morre, não chega nem parte, o nosso medo irá embora e nossa dor e sofrimento desaparecerão.

Uma onda não precisa morrer para se tornar água. Ela é água aqui e agora. Nós também não precisamos morrer para entrar no Reino de Deus. O Reino de Deus é a base do nosso próprio ser aqui e agora. A nossa prática mais profunda é entender e nos conectar com a dimensão suprema dentro de nós diariamente, a realidade destituída de nascimento e morte. Somente essa prática pode remover completamente nosso medo e sofrimento. Em vez de dizer: "Eu moro na dimensão última", talvez você prefira dizer: "Eu moro no Reino de Deus" ou "Eu moro na Terra de Buda".

Liberando a tristeza

Suponha que alguém foi capaz de transportá-lo de avião ao Reino de Deus ou à Terra Pura de Buda. Tendo chegado lá, como você andaria? Em um lugar tão bonito, será que você andaria sob pressão, correndo e ansioso como fazemos na maior parte do tempo? Ou será que você apreciaria cada momento em que está no paraíso? No Reino de Deus, ou na Terra Pura, as pessoas são livres e desfrutam cada momento. Então elas não andam como nós andamos.

A Terra Pura não está em outro lugar; está exatamente aqui, no presente. Está em cada célula do nosso corpo. Quando fugimos do presente, destruímos o Reino de Deus. Mas se soubermos nos libertar da energia do nosso hábito de correr, teremos paz e liberdade e vamos todos andar como um Buda no paraíso.

O que carregamos conosco determina em qual dimensão habitamos. Se você carrega muita tristeza, medo e desejo consigo, aonde quer que vá, estará sempre contatando o mundo do sofrimento e do inferno. Se você carrega consigo compaixão, entendimento e liberdade, então, aonde quer que vá, tocará a dimensão suprema, o Reino de Deus.

Onde quer que o(a) praticante vá, sabe que está em contato com o Reino de Deus sob seus pés. Não há um dia que eu não ande no Reino de Deus. Como pratico a liberdade e a compaixão aonde quer que eu vá, os meus pés tocam o Reino de Deus, a dimensão última em toda parte. Se cultivarmos esse tipo de contato, os elementos importantes de solidez e liberdade estarão disponíveis para nós 24 horas por dia.

"Cheguei, estou em casa." O lar da onda é a água. É exatamente ali. A onda não precisa viajar milhares de quilômetros para chegar ao seu verdadeiro lar. É tão simples e tão poderoso. Gostaria de convidá-lo a memorizar esse breve poema, praticá-lo e lembrar-se dele muitas vezes ao dia. Dessa forma, você entrará em contato com a dimensão última e sempre se lembrará do seu verdadeiro lar.

A energia do hábito de correr

Nós corremos durante o dia e corremos enquanto dormimos. Não sabemos como parar. A nossa prática é, antes de qualquer coisa, parar; em seguida relaxar, se acalmar e se concentrar. Quando conseguimos fazer isso, vivemos no aqui e agora. Então nos tornamos fortes. E, quando estamos fortes, podemos olhar ao redor. Podemos observar o momento presente de maneira profunda, podemos contemplar nossa verdadeira natureza de maneira profunda, e podemos descobrir a dimensão suprema. Contemplando profundamente, podemos ver que, embora sejamos ondas, também somos água. Mas, se não tivermos parado, se não tivermos aprendido a nos concentrar, não podemos contemplar de maneira profunda. Não nos libertaremos do medo, porque não seremos fortes ou estáveis o suficiente para compreender a realidade de nenhuma chegada e nenhuma partida.

É muito difícil lutar contra os hábitos que desenvolvemos. Dr. Ambedkar foi um membro do parlamento indiano que veio da classe dos "intocáveis". Ele lutou pelos direitos dos intocáveis. Ele sentia fortemente que a esperança deles por dignidade e segurança estava no budismo. Buda não acreditava no sistema de castas. Então, um dia na cidade de Bombaim, 500 mil intocáveis se reuniram e o Dr. Ambedkar falou sobre os *Três refúgios* e os *Cinco treinamentos de atenção plena* do Buda. Eu fui à Índia para dar o meu apoio e assistência a essa comunidade de intocáveis. Proferimos palestras do Darma e organizamos dias de atenção plena.

Imagine que você cresceu como um intocável. Imagine que todo mundo à sua volta tratasse você mal e fizesse você temer pela sua vida. Imagine que você tivesse que agradar todos aqueles de nível mais alto, para assim você se sentir seguro. Como você viveria? Você ficaria relaxado e no momento presente? Ou em constante preocupação com o futuro? A energia do hábito da ansiedade seria muito forte.

O amigo que organizou minha viagem veio da comunidade dos intocáveis. Ele morava em Nova Déli com sua esposa e três filhos. Ele queria muito tornar minha viagem agradável e bem-sucedida. Um dia de manhã, estávamos sentados juntos num ônibus, viajando para outra comunidade. Eu apreciava a paisagem da Índia do meu assento à janela. Quando me virei para ver meu amigo, notei que ele estava muito tenso. Eu disse: "Meu querido amigo, eu sei que você quer muito que minha viagem seja agradável e feliz, mas sabe de uma coisa? Eu estou muito feliz agora mesmo! Por favor, não se preocupe. Encoste-se e relaxe!" Ele disse: "Sim!" Relaxou um pouco, então eu me virei para a janela novamente e pratiquei inspirando e expirando, enquanto apreciava as palmeiras ao sol da manhã.

Eu pensava nas folhas de palmeira onde as escrituras do Buda foram escritas desde os tempos antigos. As folhas são longas e delgadas. Uma ponta afiada era usada para inscrever ensinamentos de Buda nas folhas. Eles podiam ser preservados por mil anos ou mais. Lembrei-me de que alguns textos budistas com cerca de 1.500 anos, descobertos no Nepal, tinham sido escritos nessas folhas. Então minha mente retornou ao meu amigo. Isso talvez tenha levado uns dois minutos. Então ao me virar para ele, eu vi que ele estava ficando rígido e tenso novamente. Era difícil para ele relaxar mesmo por alguns minutos.

Como um intocável, ele tinha lutado a vida toda. Agora, mesmo tendo um bom apartamento em Nova Déli e um bom emprego, a energia do hábito de lutar o tempo todo ainda era muito forte nele. Por várias gerações, os intocáveis vêm lutando muito, dia e noite, para sobreviver. Esse tipo de energia habitual foi transmitido a ele por muitas gerações. Seria difícil para alguém transformá-la rapidamente. Ele precisava de algum tempo e algum treinamento. Com o apoio de amigos praticantes, ele poderia, em poucos meses ou poucos anos, transformar sua energia de lutar e ficar tenso. É possível para qualquer pessoa fazer isso. Você pode permitir-se relaxar e ser livre.

Se quiser transformar a energia do seu hábito de estar sempre correndo e lutando, você tem que reconhecê-la toda vez que ela surgir. Inspirando e expirando e sorrindo, você diz: "Oh, minha querida energiazinha habitual, eu sei que você está aí!" Nesse momento, você está livre. Você pode se lembrar disso. Você pode ensinar a si mesmo. Não pode ter, durante 24 horas por dia, um amigo espiritual com você para lembrá-lo. Uma vez, eu lembrei meu amigo e funcionou só por dois minutos. Ele tem que fazer isso sozinho. Todo mundo tem que fazer isso sozinho. Você deve se tornar o seu próprio amigo espiritual e viver num ambiente que lhe ajude.

A energia do hábito de correr é forte dentro de nós. Pode ter sido transmitida a nós por várias gerações. Mas você não precisa passar adiante essa energia habitual.

Você deve ser capaz de contar aos seus filhos que você andou no Reino de Deus. Pode ser que você queira dizer a eles, como eu disse aos meus amigos, que eu ando pelo Reino de Deus todo dia sem exceção. Se puder fazer isso, sua vida se tornará numa fonte de inspiração para muita gente. Talvez você e seus filhos vão andar pela Terra Pura o tempo todo.

Largando nossa bagagem

Se quisermos andar pela Terra Pura o tempo inteiro, é necessário que larguemos tudo o que nos impede de estarmos presentes. Isso nos ajuda a aprender a abrir mão do que nos preocupa, até chegar ao ponto zero. Quando pensamos em zero, achamos que zero é o nada. Vemos o zero como algo negativo. Mas o zero pode ser muito positivo. Se você tem uma dívida a pagar, isso é negativo. Quando paga o que deve, seu saldo volta a zero. Isso é maravilhoso, pois então você está livre da dívida.

Na época de Buda, havia um monge chamado Baddhiya. Antes de se tornar monge, ele fora governador de uma província no Reino de Sakka, onde Buda nasceu. Após sua iluminação, Buda retornou ao reino onde nasceu para visitar sua família. Quando inúmeros jovens viram a enorme felicidade e liberdade de Buda, quiseram segui-lo. Eles queriam ser livres.

Entre eles estava Baddhiya. Nos primeiros três meses de sua vida monástica, ele praticou tão diligentemente que pôde entender muitas coisas profundamente. Uma noite, enquanto praticava meditação na floresta, ele abriu a boca e disse: "Oh, minha felicidade! Oh minha felicidade!"

Enquanto governador, Baddhiya havia dormido em belos quartos; vivia protegido por muitos soldados; alimentava-se de comidas caras e tinha muitos criados. Agora ele estava sentado ao pé de uma árvore, com nada além de uma tigela para mendigar e as vestes monásticas.

Um monge que estava sentado por perto ouviu Baddhiya exclamar. Ele pensou que Baddhiya estivesse se arrependendo por ter perdido suas antigas posições de poder, que fosse um arrependimento por ter abandonado a vida de governante. Na manhã bem cedo do dia seguinte, o monge foi até Buda e contou-lhe o que tinha ouvido. Buda convocou Baddhiya e, na presença de toda a comunidade de monges, disse: "Irmão Baddhiya, é verdade que ontem à noite durante a meditação sentada, você abriu a boca e pronunciou as palavras: 'Oh, minha felicidade! Oh minha felicidade'?" Baddhiya respondeu: "Sim, é verdade, Senhor Buda".

Buda lhe perguntou: "Por quê? Você se arrependeu de algo?"

Baddhiya respondeu: "Durante a meditação sentada, eu me lembrei da época em que eu era governador, assistido por tantos servos e protegidos por guarda-costas. Eu sempre ficava acordado com medo. Eu tinha medo que as pessoas roubassem de mim a minha riqueza. Eu tinha medo de ser assassinado. Agora, sentado ao pé de uma árvore e meditando, eu me senti tão livre. Agora não tenho o que perder. Aprecio profundamente cada momento e nunca fui tão feliz como estou agora. Foi por isso que eu disse: 'Oh, minha felicidade! Oh, minha felicidade!' Nobre Professor, se eu perturbei meus irmãos, peço desculpas". Só então todos da Sanga entenderam que as palavras de Baddhiya eram uma expressão de sua verdadeira felicidade.

Por favor, pegue uma caneta e uma folha de papel. Sente-se ao pé de uma árvore ou à sua escrivaninha e faça uma lista de todas as coisas que podem fazer você feliz agora: as nuvens no céu, as flores no jardim, as crianças brincando, o fato de você ter conhecido as práticas da atenção plena, seus entes queridos sentados na sala ao lado, os seus dois olhos em boas condições. A lista não tem fim. Você já tem o suficiente para ser feliz agora. Você tem o suficiente para estar livre de chegar e partir, de altos e baixos, de nascimento e morte. Nutra-se todos os dias com as coisas maravilhosas que a vida tem para lhe oferecer. Alimente-se no momento presente. Ande no Reino de Deus.

Estamos correndo atrás de quê?

Se não estivermos totalmente presentes e vivos, seja para os nossos entes queridos ou para nós mesmos, onde nós estamos? Estamos correndo, correndo, correndo, mesmo durante o sono. Corremos porque somos perseguidos pelo nosso medo de perder tudo. A prática da ressurreição pode nos ajudar.

Quando você volta ao estado de atenção e consciência, quando a energia da atenção está presente em você, a energia do Espírito Santo está presente em você. O Espírito Santo possibilita a vida. Estar habitado pelo Espírito Santo é a nossa prática. Viver cada momento na presença do Espírito Santo não é algo abstrato. Isso pode ser feito quando você bebe o seu suco ou chá. Beba de tal maneira que o Espírito Santo esteja presente em você. Quando estiver comendo sua porção de granola, arroz ou tofu, coma de tal modo que o Espírito Santo esteja presente em você. Quando andar, permita que o Espírito Santo caminhe com você.

Por favor, não pratique só a forma da prática. Toda sessão em que andamos em meditação é uma nova sessão de caminhada meditativa. Ande de tal modo que você seja nutrido com cada passo que dá. Toda refeição deve ser uma nova refeição onde você possa se alimentar com a energia do Espírito Santo, a energia de atenção plena. Cada sessão em que nos sentamos em meditação deve ser uma nova sessão de meditar sentado.

Sente-se de um modo que possibilite a manifestação do seu novo ser. Vamos praticar com os amigos. A Sanga é suficientemente inteligente e espirituosa para não cair na armadilha de praticar como uma rotina e não de forma criativa. Muitos de nós somos inteligentes e criativos. Devemos usar nossa inteligência e nossa criatividade para manter a prática viva e constantemente renovada. É perfeitamente possível praticar esse tipo de meditação budista sendo um cristão, muçulmano, hindu ou judeu. Não importa qual religião você pratica, ou até mesmo se não pratica religião alguma.

Praticar não significa imitar a forma. Praticar significa usar nossa inteligência e habilidades para possibilitar a nutrição e a transformação em nós mesmos, engendrando nutrição e transformação nas pessoas à nossa volta.

Novos inícios

Quando você come seu pão ou *croissant* de manhã, coma-o de tal maneira que o pão se torne vida. Celebre a Eucaristia todas as manhãs enquanto parte o pão ou dá uma mordida no *croissant*. Sinta-se vivo; sinta que está em contato com todo o cosmos. Se o pedaço de pão é o corpo de Cristo, também é o corpo do cosmos. Podemos dizer: "Este pedaço de pão é o corpo do cosmos". Ao comer assim, você se torna uma nova pessoa. Permita que o novo ser se manifeste em você. Você pode fazer essa prática sozinho. E pode praticar isso também com outras pessoas a fim de ajudar seus irmãos e irmãs a se renovarem a todo instante em suas práticas diárias.

Quando iniciamos a prática, temos a dádiva da mente de iniciante. A mente de iniciante é uma mente linda. Você está motivado pelo desejo de praticar, de se transformar, de trazer paz e alegria para dentro de si, para que a paz e a alegria se tornem contagiosas. Permita-se ser uma tocha e deixe a chama da sua tocha ser transmitida para outras tochas. Praticando assim, você pode ajudar a paz e a alegria a crescerem no mundo inteiro.

A prática da ressurreição deve ser adotada por cada um de nós. Quando praticamos com êxito, também ajudamos outras pessoas à nossa volta. Essa é a verdadeira prática de estar vivo. Tudo o que fazemos durante nossas práticas diárias de caminhar, sentar-se, comer ou varrer o chão; todas essas práticas têm o propósito de nos ajudar a nos tornar vivos de novo. Esteja vivo a todo instante e, ao despertar, você vai despertar o mundo.

Acordar é a própria natureza do ensinamento e da prática. "*Budh*" significa acordar. Nós chamamos alguém desperto de um Buda. Buda é alguém que transmite os ensinamentos e a prática do despertar. Cada um de nós pode se transformar numa lamparina que pode ajudar o mundo inteiro a despertar.

SETE
Manifestações contínuas

Buda nos aconselhou a não aceitar como verdadeiro qualquer ensinamento, só porque um mestre famoso o ensina ou porque é encontrado em livros sagrados – inclusive o cânone budista. Só podemos aceitar os ensinamentos que tivermos colocado em prática, pois é com o nosso próprio entendimento desperto e nossa própria experiência que podemos ver se ele é verdadeiro. Buda disse que nossa verdadeira natureza é a natureza que não nasce e não morre. Vamos examinar novamente e ver se isso é verdade.

Se você acender uma vela e a chama continuar queimando até que toda a vela termine, a vela se acabou ou não? Buda diz que não há aniquilação. Vimos que isso é verdade. E também vimos que o conceito de permanência não é aplicável aos fenômenos como são. Então a verdade está em algum lugar no meio. Aqui, devemos contemplar profundamente com toda a nossa concentração.

Você acredita que a chama da vela só diminui na direção vertical? Se acha que sim, então você está seguindo a chama no tempo. Pode ser que pense assim também em relação ao seu próprio tempo de vida: que ele está indo numa direção linear e que um dia vai terminar. Pode ser que pense que nasceu em determinado ponto numa linha vertical, que você poderia chamar de 1960. E pense que morrerá em outro ponto em algum lugar mais abaixo nessa linha, que você poderia chamar de 2040. Tudo o que consegue ver é você se movendo no tempo como a vela. Mas você não está se movendo somente numa direção linear.

Você poderia pensar que a chama só está diminuindo. Você poderia pensar que a vela morrerá. Na realidade, a chama está se propagando em muitas outras direções. Está irradiando luz ao seu redor para o norte, sul, leste e oeste. Se você tivesse um instrumento científico muito sensível, poderia medir o calor e a luz que a vela está enviando para o universo. A vela penetra em você enquanto uma imagem, enquanto luz e calor.

Você é como uma vela. Imagine que você está espalhando luz ao seu redor. Todas as suas palavras, pensamentos e ações estão indo em várias direções. Se disser alguma coisa amável, suas amáveis palavras irão a várias direções, e você mesmo irá junto com elas.

Estamos, a todo instante, nos transformando e continuando de uma forma diferente. Hoje de manhã você disse alguma grosseria ao seu filho. Com aquelas palavras cruéis, você adentrou o coração dele. Agora você está se arrependendo do que disse. Isso não quer dizer que você não possa transformar o que disse, ao admitir para seu filho que errou; mas, se você não consegue fazer isso, suas palavras cruéis podem permanecer por muito tempo em seu filho.

As três dimensões

Estou escrevendo, neste momento, um livro sobre o Darma. Esse livro é feito da minha compreensão e da minha prática. Quando escrevo sobre o Darma, não estou indo numa direção linear. Estou indo penetrar você e renascer em diferentes formas em você. No budismo, falamos sobre três ações, três dimensões de corpo, fala e mente, em cada momento de nossas vidas. Tente ver isso e compreenda esta verdade: você não precisa esperar até que o seu corpo se desintegre para seguir a jornada do renascimento.

Neste exato momento nós estamos nascendo e morrendo. Estamos renascendo não de uma única forma, mas de várias formas. Eu gostaria que você imaginasse um fogo de artifício. Quando você o acende, ele não desce na direção vertical. Ele se espalha em muitas dimensões, e as faíscas se apagam em todas as direções. Então não pense que você prossegue somente em uma direção. Você é como fogo de artifício. Você se propaga em seus filhos, amigos, sociedade e pelo mundo todo.

Quando pratico de manhã sentado em meditação, há monges à minha esquerda e à minha direita. Eu renasci neles por estar me sentando junto com eles. Se observar cuidadosamente, você vai me ver neles. Eu não estou esperando para renascer depois de morrer. Estou renascendo neste momento, e quero renascer numa boa direção. Eu quero passar adiante, aos meus amigos leigos e monges, as coisas mais belas e felizes da minha vida para que eles possam ter um bom renascimento tanto por eles quanto por mim.

Nossa ignorância, raiva e desespero não devem renascer. Quando renascem, trazem mais trevas e sofrimento ao mundo. Quanto mais felicidade e amor puderem renascer, melhor; pois isso tornará nosso mundo mais belo e gentil. Sendo assim, você e eu devemos viver durante as semanas, dias e horas renascendo constantemente como felicidade, amor e bondade.

Um dia, quando acordei, eu me lembrei da letra de uma música folclórica: "Meu pai e minha mãe me deram muito mérito". O mérito deles é a minha generosidade, o meu amor, o meu perdão e a capacidade de oferecer alegria e felicidade aos outros. Eles me deram essa herança preciosa. Nossos filhos são a nossa continuidade. Nós somos nossos filhos e nossos filhos somos nós. Se você tem um ou mais filhos, você já renasceu neles. Você pode ver a continuação do seu corpo em seu filho ou sua filha, mas você também tem muitos outros corpos de continuidade. Eles estão em todos aqueles que você tocou. E você não pode saber quantas pessoas foram tocadas por suas palavras, ações e pensamentos.

Dando nosso calor e nossa luz

Quando a chama da vela tiver dado sua luz e seu calor a tudo ao seu redor, a luz e o calor são a continuação da vela. Aquela luz e aquele calor se apagam no plano horizontal. A fim de fornecer luz e calor num plano horizontal, a vela também precisa queimar verticalmente. Sem a dimensão horizontal, não pode haver uma dimensão vertical. E, sem a dimensão vertical, não pode haver a dimensão horizontal.

Pergunte a si mesmo: "Para onde devo ir depois daqui?" Nossas ações e palavras, que estão sendo produzidas neste momento, nos levam numa direção linear. Mas também nos levam numa direção lateral na medida em que fluem para e influenciam o mundo ao redor de nós. Elas podem fazer o mundo mais bonito e brilhante. Aquela beleza e brilho podem ir rumo ao futuro. Não devemos procurar por nós mesmos somente na direção vertical.

Quando faço um bule de chá preto, coloco folhas de chá no bule e despejo água fervente sobre elas. Depois de cinco minutos, o chá está pronto. Ao bebê-lo, o chá preto me penetra. Se eu coloco mais água quente, fazendo um segundo bule de chá, o chá daquelas folhas continua a penetrar em mim. Depois de eu ter derramado todo o chá, o que restará na panela é somente o resto de folhas usadas. As folhas que restam são apenas uma parte muito pequena do chá. O chá que entrou em mim é uma parte muito maior do chá. É a parte mais rica.

Conosco acontece o mesmo; nossa essência entrou em nossos filhos, em nossos amigos e todo o universo. Nós temos que nos encontrar nessas direções e não nas folhas de chá gastas. Eu o convido a se ver renascendo em formas que você diz que não são você. Você tem de ver o seu corpo naquilo que não é seu corpo. Isso é chamado de o seu corpo fora do seu corpo.

Você não precisa esperar até que a chama se apague para renascer. Eu renasço muitas vezes todo o dia. Todo momento é um momento de renascimento. Minha prática é renascer de tal modo que as minhas novas formas de manifestação levem luz, liberdade e felicidade ao mundo. Minha prática é a de não permitir que ações erradas renasçam. Se tenho um pensamento cruel ou se minhas palavras carregam ódio, esses pensamentos e palavras renascerão. Será difícil capturá-los e puxá-los de volta para trás. Eles são como um cavalo desembestado. Devemos tentar não permitir que nossas ações de corpo, fala e mente nos levem na direção da ação errada, da fala errada e do pensamento errado.

Viver através do nascimento e da morte

Se não houvesse nascimento e morte a cada instante, não poderíamos continuar a viver. A todo instante, muitas células do seu corpo precisam morrer para que você possa continuar a viver. Não só as células do seu corpo, mas todos os seus sentimentos, percepções e formações mentais que compõem o rio da sua consciência nascem e morrem a cada instante.

Lembro-me do dia em que um amigo trouxe as cinzas do seu pai para a Aldeia do Alto [Upper Hamlet], em Plum Village. Ele pediu permissão para espalhar essas cinzas pelo caminho onde andamos em meditação, e eu concordei. Ele pode ter pensado que aquelas cinzas eram a única coisa que o seu pai havia deixado no caminho de meditação. Mas quando estava vivo, o seu pai tinha caminhado onde agora suas cinzas eram jogadas. Nós realizamos a cerimônia de espalhar as cinzas. Depois, virei para o grupo e disse: "Cada um de nós deixou nosso corpo neste caminho onde andamos em meditação, não só a pessoa falecida, mas cada um de nós. Toda vez que caminhamos em meditação aqui, deixamos para trás células do nosso corpo".

Toda vez que você se coça, milhares de células mortas da sua pele caem no chão. Ao andar pelo caminho de meditação, você não deixa para trás somente células da pele do seu corpo, você também deixa para trás seus sentimentos, percepções e formações mentais. Seja uma hora ou uma semana que você tenha ficado em Plum Village, após ter ido embora, você deixou para trás muitos traços de si mesmo. As células que você deixou caídas pelo caminho se tornam grama e flores silvestres. O seu corpo de continuação ainda está lá em Plum Village. E também está em seus filhos e netos. Ele está em toda parte do mundo. Quando a chama da vela alcança o fim do pavio e se apaga, ela ainda continua existindo. Você não pode encontrá-la olhando somente numa direção linear. Você precisa encontrá-la também na direção horizontal.

Na tradição tibetana, toda vez que um ilustre lama morre, seus colegas monges esperam alguns anos e depois saem em busca do corpo de continuidade daquela pessoa. A continuidade é chamada de *tulku*, em tibetano. O ilustre lama pode ter deixado um poema no final de sua vida, que pode conter pistas sobre onde o seu corpo de continuidade poderá ser encontrado. Usando esse poema, os discípulos do lama saem à procura de uma criancinha que possa ser uma candidata adequada. Eles vão até a casa daquela criança, levando consigo alguns instrumentos, como sino, rosário ou xícara de chá que foram usados por seu professor. E misturam os objetos com itens semelhantes, mas que o lama não usava. A criancinha deve escolher, entre uma variedade de instrumentos, o que pertenceu ao ilustre lama falecido. Se ela fizer isso, após ter tido êxito em outros testes, a criança é proclamada como uma continuação daquele professor falecido. Os monges-discípulos do lama precedente pedem a permissão dos pais da criança para levá-la ao mosteiro para que assim ela possa continuar sendo professor deles na próxima geração.

Há algo muito atraente nessa tradição. Os discípulos têm um amor e respeito tão grande pelo professor que querem manter o professor com eles depois de falecido. Eu sempre disse aos meus amigos em Plum Village que eles não deveriam esperar eu morrer para procurar meu corpo de continuidade. Eles têm que me procurar agora, pois eu já renasci em muitas criancinhas. Se você estivesse comigo agora, você veria meus filhos espirituais ao meu lado? Todos eles são continuações minha. Eu tenho centenas de milhares de continuações em jovens que continuam a prática da atenção plena. Se olhar com olhos do Darma, você me verá renascido de diversas formas.

Embora os meus livros e minhas palestras do Darma não tenham autorização para serem publicados no Vietnã, eu estou lá. Meus ensinamentos ainda têm ampla circulação, mesmo não sendo legalmente permitidos. A polícia de segurança confisca meus livros e os leem às escondidas. Outros imprimem e os publicam por debaixo dos panos. Então eu continuo no Vietnã. Há jovens monges e monjas no Vietnã que estão praticando as portas do Darma que eu ensino. Se for ao Vietnã você vai me ver lá. O corpo que você vê aqui é só uma manifestação de mim mesmo. Minha presença no Vietnã influencia a vida espiritual, a cultura e os jovens vietnamitas. Alguém que disser que eu não estou no Vietnã não tem os olhos do Darma.

Eu ensinei em presídios e os meus livros foram distribuídos em casas de detenção em todos os Estados Unidos.

Muitos prisioneiros os leram e gostaram deles. Uma vez, eu pude visitar uma penitenciária de segurança máxima em Maryland. Era tão rigorosa que nem mesmo uma formiga poderia transitar por lá sem ser parada. Eu ensinei aos prisioneiros sobre o tópico de ser livre onde quer que você esteja. Esse ensinamento foi transcrito e publicado em forma de livro[2]. Muitas cópias foram doadas aos presídios para que os presos possam praticar e sorrir, a fim de sofrerem menos. Eles conseguem encontrar a verdadeira alegria mesmo na vida encarcerada, então agora eu sei que também estou na prisão. Esses prisioneiros que praticaram ajudam outros prisioneiros. Todos os prisioneiros que entram em contato com meus ensinamentos são corpos de continuidade meus. Quando me procurar, não olhe para este corpo. Olhe fora deste corpo.

Fogos de artifício

Se você aprender a se ver todos os dias indo na direção lateral e renascendo a cada instante, poderá se encontrar no futuro, ao olhar nessa dimensão lateral. Você é como um fogo de artifício disparando a cada momento. O fogo de artifício difunde sua própria beleza ao seu redor. Com seus pensamentos, palavras e ações você pode difundir sua beleza. Essa beleza e essa bondade penetram em seus amigos, em seus filhos, netos e no mundo. Ela não se perde e, dessa forma, você prossegue para o futuro.

---

2 *Be Free Where You are* [Seja livre onde você estiver] (Berkeley: Parallax).

Se você procurar a si mesmo dessa forma, poderá ver sua continuação no futuro. Você não será capturado pela ideia de que será aniquilado. Você não ficará aprisionado à noção de que será aniquilado. Não ficará aprisionado à noção de que deixará de existir quando morrer. A verdade é que você não é permanente; mas, ao morrer, não é reduzido a nada.

Você consegue se ver renascendo a cada instante do passado? Todos os seus antepassados continuam em você, e quando você transforma as energias do hábito que eles lhe transmitiram, você está renascendo no passado. Por exemplo, talvez seus antepassados tenham tido o hábito de estar sempre correndo, de precisar estar trabalhando ou fazendo algo para sobreviver. Eles não tiveram tempo para parar, respirar e entrar em contato com as coisas maravilhosas que a vida tem para oferecer. Você também costumava ser assim, mas agora você conheceu a prática. Agora você pode parar, respirar e entrar em contato com as maravilhas da vida em prol dos seus ancestrais. Talvez os seus ancestrais genéticos ou espirituais tenham tido belas características que os seus pais ou professores espirituais, que você conheceu durante a vida, não conseguiram manifestar completamente. Agora você pode redescobrir essas características em si mesmo e poderá reviver o que parecia ter se perdido. Isso também significa renascer no passado.

Eu conheci um veterano americano do Vietnã, cujos companheiros haviam sido mortos pelos guerrilheiros, que estava determinado a se vingar das pessoas da vila onde seus companheiros morreram. Ele fez sanduíches de pão recheados com explosivos e os deixou na entrada da vila. Algumas crianças que passaram encontraram os sanduíches e começaram a comê-los. E logo ficaram se contorcendo e uivando de dor. Seus pais correram para ver a situação, mas já era tarde demais. Era um lugar distante, sem ambulâncias e equipamentos médicos e as crianças não puderam ser levadas em tempo hábil ao hospital. As cinco crianças morreram.

Depois que voltou aos Estados Unidos, o soldado não conseguia superar sua culpa. A mãe dele tentou confortá-lo, dizendo: "Meu filho, essas coisas acontecem na guerra. Não há do que se sentir mal". Mesmo assim, ele sofria muito. Sempre que se encontrava numa sala com crianças, não conseguia suportar. Ele tinha que ir embora dali.

Em uma de minhas turnês pelos Estados Unidos, foi organizado um retiro para veteranos de guerra. Eu ensinei a eles como andar e respirar para transformar seus medos, culpas e sofrimentos. Eu disse a esse veterano: "Você matou cinco crianças; isso é verdade. Mas você pode salvar a vida de centenas de crianças. Você sabia que todos os dias, dezenas de milhares de crianças morrem por falta de comida e remédio? Você pode levar comida e remédios para algumas delas". Ele praticou como eu tinha aconselhado, e aquela pessoa que, há 20 anos, tinha matado cinco crianças renasceu imediatamente no passado como alguém que salvou a vida de 20 crianças.

Aprenda a contemplar profundamente desse jeito, e os seus arrependimentos e sua insegurança serão transformados. Você terá uma nova energia, que brilhará não só no passado, mas também brilhará no presente e no futuro.

OITO
Medo, aceitação e perdão: a prática de Tocar a Terra

Muitos de nós gastamos muito tempo questionando: "Por que tenho que morrer?" A pergunta mais importante a ser feita seria: "O que acontece antes de eu morrer?" Ou ir à pessoa amada e perguntar: "Querida, quem é você? Você é a mesma pessoa que eu casei há 30 anos ou você é alguém diferente? Por que você veio para cá? Para onde você vai? Por que terei que chorar um dia quando você morrer?" Esses são questionamentos muito importantes, que não podem ser respondidos só pelo nosso intelecto. Precisamos de algo mais profundo e mais completo.

A prática de Tocar a Terra pode nos ajudar a tocar nossa verdadeira natureza sem nascimento e sem morte. Se fizermos a prática de Tocar a Terra, como Buda praticava, isso poderá nos ajudar a alcançar um *insight* real.

Está escrito nos sutras que, um dia antes de o Príncipe Sidarta ter se tornado Buda o Iluminado, ele duvidava um pouco da sua capacidade de se tornar plenamente desperto. Ele estivera bastante confiante, mas então algo o fez questionar. Então ele fez a prática de Tocar a Terra. Ele usou a mão para Tocar a Terra para transformar aquela dúvida. No dia seguinte, o Príncipe Sidarta tornou-se Buda.

Nos templos budistas por toda a Ásia, você verá estátuas de Buda tocando a Terra com a mão. Tocar a Terra é uma prática muito profunda que pode nos ajudar a transformar nossos medos, dúvidas, preconceitos e raiva.

Tocando ambas as dimensões

A dimensão histórica e a dimensão suprema da realidade estão relacionadas entre si. Se conseguir entrar em contato profundo com uma, poderá tocar a outra. Jesus Cristo pode ser chamado tanto de Filho do Homem como de Filho de Deus. Enquanto Filho do Homem, ele pertence à dimensão histórica; enquanto Filho de Deus, à dimensão suprema.

Há o Buda histórico, como também há o Buda que não se limita ao tempo e espaço. Nós somos todos assim. Temos uma dimensão histórica, em que vivemos todo dia, e também temos uma dimensão suprema, que tentamos viver por meio da nossa prática espiritual. Se pudermos viver na dimensão suprema, ao mesmo tempo em que funcionamos na dimensão histórica, deixaremos de ter medo. Quando o medo deixa de existir, há verdadeira felicidade. Uma onda tem o direito de viver sua vida como uma onda, mas também deve aprender a viver sua vida enquanto água, porque ela não é apenas uma onda. Ela também é água. E água vive sem o medo que a onda carrega.

Tocar a Terra é uma maneira fácil e efetiva de tocar a nossa dimensão suprema. Se fizer essa prática, um dia você tocará sua verdadeira natureza, que não nasce e não morre. Nesse momento, você se libertará do medo. Você poderá se tornar alguém que passeia majestosamente sobre as ondas do nascimento e morte, porque você não está mais agitado pelo medo ou pela raiva.

Tocar a Terra na dimensão histórica

Imagine a dimensão do tempo como uma linha vertical. Coloque-se no presente, em algum lugar dessa linha, com o passado acima de você e o futuro abaixo. Estabeleça-se no tempo. Veja todos os ancestrais que o precederam. A mais recente geração de ancestrais são os seus pais. Todos estão acima de você nessa linha do tempo. Em seguida, veja abaixo de você, todos os seus descendentes, seus filhos, netos e todas as gerações futuras deles. Se não tiver filhos, os seus descendentes são as pessoas que você tocou em sua vida e todas as pessoas que elas, por sua vez, influenciaram.

Em você estão ambos: os seus ancestrais consanguíneos e os seus ancestrais espirituais. Você está em contato com a presença do seu pai e da sua mãe em cada célula do seu corpo. Eles estão verdadeiramente presentes em você, junto com os seus avós e bisavós. Ao fazer isso, você constata que você é a continuação deles. Você pode ter pensado que seus antecessores deixaram de existir, mas até os cientistas dirão que eles estão presentes em você, em sua herança genética, que estão em todas as células do seu corpo.

O mesmo acontece com os seus descendentes. Você estará presente em todas as células do corpo deles. E você está presente na consciência de todos que você tocou. Isso é real, não imaginário.

Esse é o primeiro toque na terra.

Caroços e árvores

Observe uma ameixeira. Em cada ameixa da árvore, há um caroço. O caroço contém esse pé de ameixa e todas as gerações passadas de ameixeiras. O caroço de ameixa contém uma eternidade de ameixeiras. Dentro do caroço há uma inteligência e sabedoria que sabe como se tornar um pé de ameixa, como produzir galhos, folhas, flores e ameixas. O caroço não consegue fazer isso sozinho. Só consegue porque recebeu a experiência e herança de inúmeras gerações de ancestrais. Com você acontece o mesmo. Você possui a sabedoria e a inteligência de como se tornar um ser humano completo, porque herdou uma sabedoria infinita, não só dos seus antecessores consanguíneos, mas também dos seus ancestrais espirituais.

Os seus antecessores espirituais estão em você porque o que você é por natureza não pode ser separado do que é por educação. A sua educação transforma sua natureza herdada. Sua espiritualidade e sua prática, que são partes do seu dia a dia, também estão em todas as células do seu corpo. Portanto, os seus ancestrais espirituais estão em todas as células do seu corpo. Você não pode negar a presença deles.

Você tem ancestrais a quem admira e de quem se orgulha. E você também tem ancestrais com muitas qualidades negativas das quais não se orgulha; mas, mesmo assim, são ancestrais seus. Alguns de nós temos pais maravilhosos; outros têm pais que sofreram muito e fizeram seus cônjuges e filhos sofrerem. Ou você pode ter tido antecessores espirituais que não ajudaram você a valorizar a religião que sua família e comunidade praticavam. Pode ser que você não tenha respeito por eles; mas, mesmo assim, eles continuam sendo ancestrais seus.

Aceitação

Precisamos retornar para dentro de nós mesmos e acolher os nossos ancestrais consanguíneos e espirituais. Não podemos nos livrar deles. Eles são reais e estão presentes. Eles são partes de nossos corpos e espíritos.

Quando você Tocar a Terra pela primeira vez, pratique a aceitação de todos os seus antecessores exatamente como eles são. Isso é muito importante. Aceitação incondicional é o primeiro passo para abrir a porta para o milagre do perdão. Jesus disse: "Perdoa-nos pelos nossos pecados assim como perdoamos aqueles que pecaram contra nós". Ele entendeu que o primeiro passo do perdão é aceitar as outras pessoas exatamente como são, mesmo que tenham nos prejudicado.

Para aceitar os outros como são, devemos começar por nós mesmos. Se não conseguirmos nos aceitar como somos, nunca vamos ser capazes de aceitar os outros. Quando olho para mim mesmo, vejo coisas positivas, admiráveis e até mesmo notáveis, mas também sei que existem partes negativas em mim. Então, primeiro eu me reconheço e me aceito.

Onde quer que você esteja para fazer a prática de Tocar a Terra – seja diante de uma rocha, uma montanha ou uma flor ou um altar em sua casa – pratique a respiração consciente. Inspirando e expirando você visualiza seus ancestrais e vê todos os pontos positivos e negativos deles. Esteja determinado a aceitar todos eles, sem hesitação, como ancestrais seus. Depois disso, você se prostra, tocando a terra com os seus joelhos, mãos e testa. Fique nessa posição enquanto continua a visualização:

> *Queridos ancestrais, eu sou vocês, com todos os seus pontos fortes e fracos. Eu vejo que vocês têm sementes negativas e positivas. Entendo que vocês tiveram sorte e que sementes boas de bondade, compaixão e destemor foram regadas em vocês. Eu também entendo que, se vocês não tiveram*

> *sorte, e as sementes negativas de ganância, ciúme e medo tiverem sido regadas em vocês, então as sementes positivas não tiveram a chance de crescer.*

Quando sementes positivas são regadas na vida de uma pessoa, em parte é por causa da sorte e, em parte, por causa do esforço. As circunstâncias de nossas vidas podem nos ajudar a regar as sementes de paciência, generosidade, compaixão e amor. As pessoas ao nosso redor podem nos ajudar a regar essas sementes, e também as práticas da atenção consciente.

Mas se uma pessoa cresceu em tempos de guerra, ou numa família e comunidade com grande sofrimento, então essa pessoa pode estar cheia de medo e desespero. Se seus pais sofriam muito e tinham medo do mundo e de outras pessoas, eles podem ter transmitido esse medo e raiva para seus filhos. Se tivessem crescido acolhidos por segurança e amor, as boas sementes nutridas neles iriam crescer, e essas sementes maravilhosas seriam transmitidas.

Se você consegue olhar dessa forma para os seus ancestrais, entenderá que eles são seres humanos que sofreram e tentaram dar o melhor que puderam. Esse entendimento removerá toda rejeição e raiva. É muito importante ser capaz de aceitar todos os seus ancestrais com os seus pontos fortes e fracos. Isso o ajudará a ficar mais calmo e com menos medo.

Você também pode ver seus irmãos e irmãs mais velhos como seus ancestrais bem mais jovens, porque eles nasceram antes de você. Eles também têm fraquezas e talentos, que você tem que aceitar porque percebe que você mesmo tem fraquezas e talentos. É esse tipo de aceitação que você percebe ao Tocar a Terra. Se for necessário, você pode manter-se na posição de prostração por cinco, dez ou quinze minutos a fim de contemplar profundamente e realizar essa aceitação.

O primeiro Toque na Terra pode ser que precise ser repetido várias vezes até você conseguir se reconciliar com seus pais e ancestrais. Isso requer muita prática, mas é importante que seja feito, pois, como seus pais e seus ancestrais estão em você, reconciliar-se com eles é reconciliar-se consigo mesmo. Negar seus antepassados é negar a si mesmo. Se você consegue ver que não está separado de seus ancestrais, isso é um grande progresso. Tenho certeza de que você poderá ter êxito após ter repetido essa prática por alguns dias ou uma semana.

Você pode executar a prática de Tocar a Terra em qualquer lugar: diante do altar dos seus ancestrais, diante de uma árvore, nuvem, montanha ou qualquer outro lugar que você quiser. Em pé, diante de uma rocha, nuvem, árvore ou de uma flor no seu altar, visualize a presença de todos os seus antecessores em você. Isso não é difícil, pois de fato você é eles. Você é uma continuidade deles. Por favor, pratique com 100% do seu ser.

Tocando o futuro

O próximo passo na prática de Tocar a Terra é olhar para os seus descendentes – os seus filhos, netos, sobrinhas e sobrinhos. Se tiver dificuldades em relação a eles, você deve visualizar da seguinte forma:

> *Eu não sou uma entidade separada dos meus filhos, pois eles são continuações minhas. Eles me levam ao futuro. Meu filho, filha, amigo, amiga, discípulo ou discípula sou eu.*

Em notas de obituário, escrevem sempre: "Senhor(a) X morreu e deixou seus filhos e filhas". A ideia aqui é que os filhos continuem a viver pelo pai. Eu sou os meus discípulos e vivo todos os dias de uma maneira tal que eu possa transmitir-lhes o melhor de mim, pois são eles que vão me levar ao futuro. Eu disse aos meus discípulos que eles deveriam assistir o nascer do sol por mim, e pelos olhos deles verei o pôr do sol e as estrelas. Eu sou imortal por causa dos meus discípulos.

Assim como você se vê em seus pais e antecessores, você pode se ver em seu filho e sua filha. Graças aos seus pais, você tem acesso à sua origem em todos os seus ancestrais. Meus discípulos acessam, por mim, Buda e professores antecedentes. Graças aos seus filhos, você tem acesso ao futuro. O filho precisa do pai para ter acesso à sua origem, e o pai precisa de seu filho para acessar o futuro e o infinito.

Essa é uma prática muito concreta que você pode fazer sozinho ou com um ou dois amigos para apoio mútuo. No começo alguém pode ajudá-lo, orientando sua prática enquanto você pratica. Mas depois você pode guiar a si mesmo.

Tentando separar

Se você tem dificuldades com seu filho ou filha, pode ser que tenha a tendência de dizer: "Você não é minha filha. Minha filha não se comportaria assim" ou "Você não é meu filho. Meu filho nunca faria coisas como essas". Se contemplar a si mesmo de maneira profunda, verá que essas sementes negativas também estão em você. Quando era jovem, você cometeu erros e aprendeu com o seu sofrimento. Quando seu filho comete erros, você precisa ajudá-lo a entender, para que ele não faça aquilo de novo. Quando conseguir ver suas próprias fraquezas, você pode dizer: "Quem sou eu para não aceitar meu filho?" Seu filho é você. Com essa visão não dual, você pode se reconciliar com seus filhos. A prática de Tocar a Terra é um caminho para a reconciliação.

Concentração Correta

O Nobre Caminho Óctuplo, o caminho das oito práticas corretas que Buda ensinou, tem como último componente a Concentração Correta. Ao tocarmos a terra, realizamos a concentração no eu nenhum, na impermanência e interconexão. Sem essa concentração não haverá *insight*. Se você conseguir se ver, ver os seus pais e seus filhos à luz da impermanência, do eu nenhum e da interconexão, a reconciliação virá de forma muito natural.

Permita-se ter tempo para a prática de Tocar a Terra, seja uma vez ao dia ou mesmo duas vezes. Para guiar sua visualização, você pode usar as seguintes palavras: "Ao Tocar a Terra eu me conecto com os meus ancestrais e todos os descendentes das minhas famílias espirituais e consanguíneas". (*Visualize-os por um breve período diante do seu objeto preferido e, em seguida, toque a terra.*)

Os meus ancestrais espirituais incluem: Buda, bodisatvas e discípulos de Buda. Estão inclusos também os meus professores espirituais, tanto os que ainda vivem como os que já faleceram. Eles todos estão presentes em mim, por terem me transmitido sementes de paz, sabedoria, amor e felicidade. Eles despertaram em mim, minhas próprias aptidões natas para compreender e ser compassivo. Quando olho para os meus ancestrais espirituais, vejo aqueles que são perfeitos na prática dos treinamentos da atenção plena, compreensão e compaixão, e os que são imperfeitos. Aceito todos eles, pois também vejo em mim deficiências e fraquezas.

Ciente de que minha prática dos treinamentos da atenção plena nem sempre é perfeita, e de que, nem sempre, eu sou compreensivo e compassivo, eu abro o meu coração e aceito todos os meus descendentes espirituais. Alguns descendentes meus vivem de tal modo que despertam minha confiança e meu respeito, mas há aqueles que têm muitas dificuldades e estão sujeitos a altos e baixos em suas práticas. Abro meu coração e abraço todos eles igualmente.

Da mesma forma, eu aceito todos os meus ancestrais maternos e paternos. Eu aceito todas as qualidades boas, todas as coisas virtuosas que eles fizeram, e também aceito todas as suas fraquezas. Eu abro o meu coração e aceito todos os meus ascendentes consanguíneos com suas boas qualidades, talentos e, também, suas fraquezas.

Qualquer que seja a tradição de suas raízes espirituais, você pode incluir professores dessa tradição. Se você tiver raízes cristãs, os seus ancestrais espirituais incluem Cristo, os discípulos de Cristo, os santos e mestres cristãos que inspiraram sua vida. Se você tiver raízes judaicas, pode ser que você queira incluir os patriarcas, as matriarcas e os grandes rabinos.

Os meus ancestrais espirituais, meus ancestrais consanguíneos, os meus descendentes espirituais e descendentes consanguíneos todos são partes de mim. Eu sou eles e eles são "eu". Eu não tenho um eu separado. Todos nós existimos como parte de um maravilhoso fluxo de vida.

Meditação sobre a dimensão histórica

A dimensão histórica é a dimensão de chegar e partir, nascer e morrer. Quando começamos a tocar a dimensão histórica, muitas vezes podemos ter medo. Tememos porque ainda não entendemos que nascimento e morte não são reais. Buda disse: "Tudo o que nasce deve morrer". Se há nascimento, então deve haver morte também. Se a direita existe, a esquerda deve também existir. Se há um começo, então deve haver um fim. É assim que as coisas parecem existir na dimensão histórica. Monges, monjas e leigos, no tempo de Buda, praticavam o reconhecimento do nascimento e da morte enquanto realidades.

Para enfrentar o nosso medo, é bom estabilizar um pouco a mente por meio da meditação e da contemplação. No início, é mais fácil praticar quando somos guiados. A respiração é o veículo que carrega a concentração. É a respiração que direciona sua mente para o objeto da sua meditação. Começamos tomando consciência da respiração, para que depois, quando precisarmos contemplar, possamos ser capazes de direcionar a mente.

Nós tentamos direcionar a mente ao reconhecimento da realidade. Este cântico é recitado diariamente nos mosteiros budistas: "Inspirando e expirando, estou ciente do fato de que *morrer* faz parte da minha natureza – eu não consigo escapar da morte. *Envelhecer* faz parte da minha natureza – eu não consigo escapar do envelhecimento. *Adoecer* faz parte da minha natureza. Como tenho um corpo, estou sujeito a doenças. Tudo o que eu hoje valorizo, entesouro e me agarro, terei que abandonar um dia. A única coisa que poderei carregar comigo são os frutos das minhas próprias ações. Eu não posso levar comigo nenhuma outra coisa exceto os frutos das minhas próprias ações, enquanto pensamentos, palavras e atos corporais".

Temos que reconhecer essa realidade e sorrir para ela. Essa é a prática de enfrentar o nosso próprio medo. O medo está sempre presente em nós – o medo de envelhecer, o medo de ficar doente, o medo de morrer, o medo de ser abandonado pelos nossos entes queridos. É muito humano ter medo e preocupar-se com o medo.

Buda não nos aconselhou a reprimir esses medos. Buda nos aconselhou a convidar esses medos para o nível superior da nossa consciência, reconhecê-los e sorrir para eles. Essa era uma prática diária dos monges e monjas na época de Buda como ainda é para monges e monjas atualmente. Toda vez que você convida o seu medo para emergir, toda vez que você o reconhece e sorri para ele, ele perde um pouco de força. Quando o seu medo retornar às profundezas da sua consciência, retorna como uma semente menor. É por essa razão que a prática deve ser feita todo dia, especialmente quando você está se sentindo forte mental e fisicamente.

Quando tenta praticar, pode ser que sua mente esteja correndo atrás de muitos pensamentos. Mas volte-se simplesmente para a consciência de quando você está inspirando e expirando. Esteja consciente só disso – você não precisa fazer com que sua respiração fique mais longa ou mais profunda. Você não precisa mudar coisa alguma.

Permita que sua respiração esteja exatamente como ela quer estar. Mantenha sua mente consciente da respiração. Ao praticar assim, a qualidade da sua respiração se acalmará.

Quando se sentir suficientemente calmo, use as palavras da meditação guiada abaixo para ajudá-lo a se concentrar. Na primeira vez, pode ser que você queira ouvir ou dizer para si mesmo a frase inteira. À medida que você continua, só precisa se lembrar de algumas palavras-chave. Você não precisa fazer um grande esforço. Simplesmente relaxe e deixe que sua respiração e as palavras sejam o seu apoio.

Exercício que nos ajuda a olhar profundamente e curar o nosso medo

Inspirando, estou ciente da minha inspiração.	*Inspirando*
Expirando, estou ciente da minha expiração.	*Expirando*
Inspirando, estou ciente de estar envelhecendo.	*Envelhecimento*
Expirando, sei que não consigo escapar do envelhecimento.	*Não há escapatória*
Inspirando, sei que adoecer faz parte da minha natureza.	*Problemas de saúde*
Expirando, sei que não posso escapar da doença.	*Não há escapatória*
Inspirando, eu sei que vou morrer.	*Morte*

Expirando, sei que não posso escapar da morte.	*Não há escapatória*
Inspirando, eu sei que um dia terei de abandonar tudo que amo e aprecio.	*Abandonar tudo que eu aprecio*
Expirando, sei que não há como eu não abandonar tudo que eu aprecio.	*Não há escapatória*
Inspirando, sei que meus verdadeiros bens são as minhas ações de corpo, fala e mente.	*Ações são meus bens verdadeiros*
Expirando, eu sei que não posso escapar das consequências de minhas ações.	*Não há escapatória das consequências*
Inspirando, estou determinado a viver cada dia plenamente consciente.	*Viver conscientemente*
Expirando, vejo a alegria e o benefício de viver no momento presente.	*Alegria e benefício*
Inspirando, eu me comprometo a proporcionar alegria ao meu amado todo dia.	*Proporcionar alegria*
Expirando, eu me comprometo a aliviar a dor da pessoa amada.	*Aliviando a dor*

Aceitação, perdão e olhar o medo de frente são os resultados mais profundos de Tocar a Terra na dimensão histórica. Usando a respiração dessa forma, podemos começar a nossa cura. Em seguida, podemos olhar o próximo toque na terra.

Tocando a Terra: o espaço

No primeiro toque na Terra, você se visualiza em pé na linha vertical do tempo. Agora visualize uma linha horizontal, que representa a dimensão do espaço. Essa linha, que representa o espaço, cruza a linha vertical representando o tempo, a dimensão histórica.

No espaço, nós vemos outros seres vivos no Planeta Terra: homens, mulheres, crianças, idosos, animais de todas as espécies, árvores, plantas, minerais. Quando olhamos para uma árvore, podemos pensar que a árvore está fora de nós. Mas se olharmos mais profundamente, veremos que a árvore também está dentro de nós. As árvores são os nossos pulmões, pois sem árvores não conseguiríamos respirar. As árvores criam o oxigênio, que agora faz parte do meu corpo, e eu crio o dióxido de carbono, que agora faz parte da árvore. Temos pulmões em nosso corpo, mas as árvores também respiram por nós e também podemos chamá-las de nossos pulmões. Nossos próprios pulmões trabalham juntos com as árvores para nos ajudar a respirar.

Os *Contos de Jataka* são histórias sobre as vidas que Buda teve antes de se tornar iluminado. Nesses contos, nós ouvimos relatos de como Buda era uma árvore, um pássaro, uma tartaruga, uma rocha, uma nuvem antes de ele ser um humano. Nós também, antes de nos manifestarmos na forma humana, éramos árvores, animais unicelulares, animais de grande porte, nuvens, florestas, rochas. Não é difícil ver isso à luz da evolução científica. A matéria não é criada nem destruída. Ela pode se transformar em energia, e a energia pode se transformar novamente em matéria, mas não será destruída.

Nós sempre fizemos parte de um todo maior, e o todo maior sempre fez parte de nós. Todos nós fomos árvores, rosas e animais. Ainda somos árvores neste momento. Olhe profundamente para si mesmo e veja a árvore, a nuvem, a rosa e o esquilo em você. Você não pode retirá-los de si mesmo. Você não pode retirar a nuvem de você, pois 70% da sua composição é de água. A continuação da nuvem é a chuva. A continuação da chuva é o rio. A continuação do rio é a água que você bebe para sobreviver. Se você remover de si a continuação da nuvem, não poderá continuar.

Anjos em todo lugar

Observando profundamente a dimensão do espaço, vamos ver também todos os seres iluminados. Todos os grandes seres, os bodisatvas. Vamos ver Deus. Observe bem e verá bodisatvas em toda parte. Você verá homens e mulheres que têm compaixão e fazem tudo o que podem para ajudar e proteger a humanidade. Em Plum Village, nós praticamos evocando os nomes dos bodisatvas, como Avalokiteshvara, o bodisatva da escuta profunda; Samantabhadra, o bodisatva da ação magnífica; Manjushri, o bodisatva da grande compreensão; Kshitigarbha, o bodisatva que sempre vai para os lugares mais sombrios, onde o sofrimento é insuportável, para ajudar todas as pessoas.

Estes são os bodisatvas que temos conhecimento porque suas histórias nos foram transmitidas. Há também inúmeros bodisatvas desconhecidos em toda parte, cujos trabalhos expressam amor, compaixão e compromisso profundo com o mundo. Seus corações estão cheios de amor, e eles não estão interessados em consumir muitas coisas. Eles querem viver simplesmente para ter tempo e energia para apoiar os outros. Eles estão em todo lugar. Eu conheço uma bodisatva que vive na Holanda. Ela se chama Hebe. Durante a Segunda Guerra Mundial, Hebe ajudou 20 mil judeus a escaparem do Holocausto. Eu não sei como ela conseguiu isso. Olhando para ela, você vê que ela é muito pequena, só tem duas mãos. Eu a conheci e trabalhei com ela quando ela estava ajudando vietnamitas órfãos da guerra.

Há também bodisatvas que não aparentam ser muito ativos, mas que são muito calmos e gentis e cujas presenças nos inspiram amor, compreensão e tolerância.

Há inúmeros bodisatvas assim no mundo. Devemos viver de modo a ter tempo de reconhecermos e sermos tocados pela presença deles. Bodisatvas não são deuses ou figuras do passado. São pessoas de carne e osso que vivem ao seu redor. Elas têm muita energia, compreensão e compaixão, e podemos nos beneficiar por estarmos perto delas.

Os grandes seres, bodisatvas, não podem ser reconhecidos por suas aparências externas. Às vezes, eles são crianças pequenas que nos trazem muita alegria. Nossos próprios filhos e nossos amigos são bodisatvas. Às vezes, eles nos fazem sofrer, mas também nos ajudam a crescer em amor e compreensão.

Os bodisatvas nunca se cansam do sofrimento em torno deles e nunca desistem. São eles quem nos dão a coragem de viver. Kshitigarbha, que entra nos lugares mais sombrios para ajudar todos os seres, não é uma só pessoa. Ele tem tantas manifestações em todos os diferentes reinos do inferno que podemos encontrar aqui neste mundo.

Sadaparibhuta, o bodisatva que diz: "Eu nunca ousaria desprezar ninguém", também está em toda parte. Mesmo que aparentemente alguém não tenha a capacidade de tornar-se iluminado, ele vê que essa capacidade existe dentro de todos. Sadaparibhuta ajuda todos a ter autoconfiança e remover qualquer sentimento de inferioridade. Esse tipo de complexo paralisa as pessoas. A especialidade de Sadaparibhuta é viver em contato com, e regar as sementes de, a mente desperta ou a mente do amor em nós. Esse bodisatva não é somente alguém do Sutra de Lótus, mas pode ser encontrado exatamente aqui em nossa sociedade de muitas formas diferentes. Nós temos que reconhecer o Bodisatva Sadaparibhuta, que existe em carne e osso por aqui, perto de nós.

Manjushri é o bodisatva que tem compreensão – alguém que consegue nos compreender pode nos tornar infinitamente felizes. Manjushri é capaz de ver nosso sofrimento e nossas dificuldades e nunca nos culpa ou nos pune. Ele está sempre ao nosso lado para nos encorajar e nos iluminar. Manjushri não é uma figura lendária, mas está presente à nossa volta de muitas formas, às vezes como uma irmã ou irmão mais jovem ou sobrinho ou sobrinha.

Não cultuamos figuras imaginárias ou mitológicas. Bodisatvas não são eminentes personalidades do passado vivendo lá nas nuvens. Os bodisatvas são pessoas reais cheias de amor e determinação. Quando nós podemos entender o sofrimento de outra pessoa e sentir amor por ele ou ela, estamos em contato com o bodisatva da grande compreensão.

O bodisatva da escuta profunda, Avalokiteshvara, também está em torno de nós. Os psicoterapeutas precisam aprender a arte de ouvir tão profundamente quanto o bodisatva Avalokiteshvara, aquele que examina profundamente com os ouvidos. Quando conseguirmos escutar profundamente nossos filhos ou nossos pais, Avalokiteshvara já está em nossos corações.

O bodisatva do som maravilhoso, Gadgadashvara, pode usar música, escritos e sons para despertar as pessoas. Se você é poeta, escritor ou compositor, pode ser esse bodisatva. Suas criações artísticas não servem apenas para ajudar as pessoas a esquecerem momentaneamente a dor, mas para regar nelas as sementes da compreensão e compaixão iluminadas. Entre nós, muitos escritores, poetas e compositores estão usando o maravilhoso oceano do som para servir o caminho da compreensão e do amor, tornando mais acessíveis as portas do Darma que Buda ensinou. É este o significado de uma das aspirações de Samantabhadra:

> Eu almejo usar o Grande Oceano de Som,
> Para produzir palavras com resultados maravilhosos,
> Que glorificam o oceano de virtudes
> de Buda,
> No passado, presente e futuro[3].

Quando toca a Terra, você se conecta com os grandes seres, pois eles são uma parte da Terra e uma parte sua. Vivendo no mundo atual, é fácil se tornar vítima do desespero. Você deve se proteger. A melhor maneira é entrando em contato com os bodisatvas, que agem com compaixão e amor.

Devemos viver em contato com Budas e bodisatvas hoje, aqui, no momento presente, e não simplesmente acender incenso e rezar para eles. Quando estamos realmente em contato com eles, temos muita energia, ao ver que eles estão em nós e que somos continuações deles, tanto no tempo quanto no espaço. Somos um dos braços desses bodisatvas. Nossos braços podem ir muito longe, por milhares de quilômetros. Nossos braços podem alcançar os lugares mais sombrios da Terra. Em todos os lugares, nós temos amigos que são os nossos braços, e também podemos ser os braços deles.

---

3 Ibid., 288, ou o último cap. do *Sutra do ornamento das flores*.

"A compreensão iluminada é a única carreira do praticante"; é uma citação do *Sutra das oito realizações dos grandes seres*[4]. Todas as outras carreiras não valem realmente à pena de serem seguidas. Nenhum título honorífico ou fama podem ser comparados à compreensão desperta que temos quando praticamos o parar e olhar profundamente a natureza das coisas. Quando, por meio da compreensão, deixamos de ficar com raiva, já estamos manifestando a semente da grande compreensão vinda de dentro de nós. Vivamos de tal maneira que os bodisatvas possam se manifestar dentro de nós.

Sejamos bodisatvas neste exato momento, por meio da maneira como falamos e agimos. Não pense em ser um bodisatva mais tarde, hoje à noite. Evocando os nomes dos bodisatvas da escuta profunda, da grande compreensão, da grande ação e da grande aspiração e vivendo em contato com as qualidades desses bodisatvas, teremos a energia infinita de que precisamos para acolher os seres que estão sofrendo no mundo.

Tornando-se o pirata

Ao Tocar a Terra, contatamos os grandes seres, e também todos os seres que estão sofrendo. Devemos entrar em contato com todos. Devemos lembrar que existem seres aprisionados no tipo de sofrimento mais profundo,

---

4 Ibid., 286.

como guerra, opressão e injustiça. Eles não têm como protestar contra o sofrimento e a injustiça que têm que suportar. Há piratas que estão estuprando mocinhas. Há comerciantes ricos vendendo armas às nações pobres, onde crianças não têm o que comer ou escolas para frequentar. Há donos de fábricas que usam crianças como força de trabalho. Há pessoas morrendo em presídios e campos de reeducação. Nos campos de hanseníase há crianças e adultos mutilados, analfabetos e desesperançados. Esses reinos do inferno precisam de bodisatvas.

Quando ficamos de pé diante da montanha ou da flor e visualizamos um pouco antes de Tocar a Terra pela segunda vez, vemos que nós não somos somente bodisatvas, nós também somos vítimas de opressão, discriminação e injustiça. Nós abraçamos as vítimas em todos os lugares com a energia dos bodisatvas. Nós somos o pirata prestes a estuprar a mocinha e somos a mocinha que está prestes a ser estuprada. Como não possuímos um eu-separado, estamos todos interconectados e juntos com todos eles.

A forma como vivemos a vida afeta tudo o mais. Então devemos pensar: "*Como estivemos vivendo a vida para que aquele jovem na Tailândia fosse capaz de se tornar um estuprador?*" Temos cuidado somente das nossas próprias necessidades materiais. A família onde aquele jovem nasceu vive empacada numa pobreza miserável há muitas gerações. O seu pai era um pescador que só conhecia uma maneira de esquecer os transtornos da sua vida, que era bebendo.

Ele não sabia como criar os filhos e batia neles com frequência. Sua mãe não sabia como educar seus filhos. Aos 13 anos, ele teve que acompanhar o pai no barco e aprender a ser pescador. Quando seu pai morreu, continuou na casa do pai. Ele não tinha aptidão para compreender e amar. Ele caiu na tentação de se tornar um pirata, porque, em apenas um dia, um pirata pode adquirir ouro verdadeiro, o que poderia libertá-lo daquele seu estado miserável que ele temia que continuasse para sempre. No oceano não havia força policial, então por que não seguir o exemplo dos outros piratas e estuprar as mocinhas dos barcos que eles saqueavam?

Se tivéssemos uma arma poderíamos atirar naquele jovem, e ele morreria, mas não teria sido melhor ajudá-lo a compreender e amar? Onde estavam os políticos, os estadistas e os educadores que não o ajudaram?

Ontem à noite, no litoral da Tailândia, centenas de bebês nasceram de famílias de pescadores. Se essas crianças não forem tratadas e educadas de maneira adequada, algumas delas vão se tornar piratas. De quem é a culpa? A culpa é nossa: estadistas, políticos, o eleitorado que os coloca no poder e os educadores. Não podemos culpar somente aquele jovem rapaz. Se eu tivesse nascido uma criança pobre, sem educação, com mãe e pai analfabetos e pobres durante toda a vida e que não sabiam como me educar, eu poderia ter me tornado um pirata. Se você fosse me matar com um tiro, isso resolveria alguma coisa?

Quem é aquele pirata? Ele poderia ser eu; e a criança que ele estuprou também poderia ser eu.

Todo o sofrimento dos seres vivos é o nosso próprio sofrimento. Temos que ver que somos eles e eles somos nós. Quando enxergamos o sofrimento deles, uma flecha de compaixão e amor entra em nossos corações. Nós podemos amá-los, acolhê-los e encontrar uma maneira de ajudá-los. Só então, deixamos de ser oprimidos pelo desespero da situação deles, ou da nossa própria.

Não se afogue em desespero

Quando você entra em contato com o sofrimento do mundo, é muito fácil ser dominado pelo desespero. Mas não precisamos nos afogar em desespero. Durante a Guerra do Vietnã os jovens facilmente se tornaram vítimas do desespero, pois a guerra durou tanto tempo que parecia que nunca iria terminar. O mesmo se dá com a situação no Oriente Médio. Jovens israelenses e palestinos sentem como se a atmosfera pesada de guerra jamais terminará. Temos que praticar para nos proteger e proteger nossos filhos do desespero. Os bodisatvas podem se levantar e resistir ao desespero, pois têm a capacidade de ouvir profundamente, amar, entender e estar profundamente comprometidos. Quando tocamos a terra pela segunda vez, entramos em contato com bodisatvas grandes e pequenos em todos os lugares, e sentimos a sua energia.

Os animais, plantas e minerais também sofrem devido à ganância dos seres humanos. A terra, a água e o ar estão sofrendo porque nós os poluímos. As árvores sofrem porque destruímos as florestas para o nosso próprio lucro. Algumas espécies foram extintas por causa da destruição de seu ambiente natural. Os seres humanos também destroem e exploram uns aos outros. De acordo com os ensinamentos do budismo, todos os seres têm por natureza a capacidade de despertar. Como poderíamos evitar cair em desespero? Por meio de budas e bodisatvas presentes no mundo. Eles não estão em outro lugar, num paraíso distante. Quer estejamos vivendo ou morrendo, eles estão aqui, conosco.

Beneficiando a todos

Tocar a Terra nos ajuda a purificar nossos corpos e nossas mentes. Ajuda-nos a manter a compreensão desperta da impermanência, da interconectividade e do eu nenhum. Buda disse que quem vê a interexistência vê Buda. Então, quando tocamos a Terra vemos Buda em nós e nos vemos em Buda. Vemos todos os seres que sofrem em nós e nos vemos neles. À medida que nos mantemos na posição de prostração, desaparece a fronteira entre o eu e o outro. Então, sabemos o que devemos fazer e o que não devemos fazer em nossas vidas cotidianas. Devido a esse discernimento, podemos fazer várias coisas muito benéficas.

O que você tem feito da sua vida? O que você fez foi realmente benéfico para você mesmo, seus entes queridos e todos os seres?

O compromisso sincero do bodisatva é aliviar o sofrimento. É ter como carreira o compromisso de se tornar alguém desperto, um Buda. Quando tomamos a decisão de assumir a carreira de um bodisatva, podemos deixar de lado todas as coisas sem sentido que tinham nos atraído anteriormente. Podemos abrir mão da fama, podemos abrir mão de ter muito dinheiro. Quando tomamos uma decisão, fica fácil deixar para lá essas coisas.

Nós estamos nos Budas e os Budas estão em nós. Nós podemos nos tornar Budas. Nós podemos nos tornar iluminados.

Guiando-nos

Use as seguintes palavras para guiá-lo no início da sua prática do segundo toque:

"*Tocando a Terra, eu me conecto a todas as pessoas e todas as espécies que estão vivas neste momento comigo neste mundo.*" (Em pé, diante do seu objeto preferido, visualize-o por um breve período, antes de Tocar a Terra.)

Eu sou uno com a maravilhosa matriz de vida que irradia em todas as direções. Eu vejo a conexão estreita entre mim e os outros, como nossa felicidade e sofrimento estão interligados. Eu sou um com os bodisatvas e grandes seres que superaram as ideias de nascimento e morte e foram capazes de olhar, de uma maneira compassiva e destemida, as diferentes formas de nascimento e morte. Eu sou um com aqueles bodisatvas que podem ser encontrados em muitos lugares deste planeta. Eles têm paz de espírito, compreensão e amor. Eles são capazes de tocar o que é maravilhoso, que nutre e cura, e de levar isso aos outros. Eles têm a capacidade de acolher o mundo com um coração amoroso e braços da ação carinhosa. Eu também sou alguém com paz, alegria e liberdade suficientes para poder oferecer destemor e alegria para os que estão ao meu redor. Não sinto solidão ou desespero quando sinto o amor e a felicidade dos bodisatvas atualmente vivos nesta terra. Ver o amor deles e ver o sofrimento de todos os seres me ajuda a viver de maneira significativa com verdadeira paz e felicidade.

Fortalecido pelo amor dos bodisatvas, sou capaz de me ver em todos os seres que sofrem. Eu sou uno com aqueles que nasceram com deficiência ou que se tornaram deficientes por causa da guerra, acidente ou doença. Eu sou um com os que estão aprisionados em uma situação de guerra ou opressão. Eu sou um com aqueles que não encontram felicidade na vida familiar, que não têm raízes ou paz de espírito, que têm fome de algo belo e saudável para abraçar e acreditar. Eu sou alguém que está com muito medo na hora da morte, que não sabe o que vai acontecer e tem medo de ser destruído. Eu sou uma criança que vive num lugar onde há pobreza miserável e doenças, cujas pernas e braços são como palitos e que não tem futuro. Eu também sou o fabricante de bombas, que são vendidas para os países pobres. Eu sou o sapo nadando na lagoa e também sou a cobra que precisa do corpo do sapo para nutrir seu próprio corpo. Eu sou a lagarta ou a formiga que o pássaro está procurando para comer, mas eu também sou o pássaro que está procurando o inseto para comer. Eu sou a floresta que está sendo derrubada. Eu sou os rios que estão sendo poluídos, e sou a pessoa que corta a floresta e polui os rios e o ar. Eu me vejo em todos os seres e vejo todos os seres em mim.

Contemplando profundamente a inexistência do nascimento e da morte

Quando começamos a entender que nós somos tudo, o nosso medo começa a desaparecer. Nós tocamos profundamente as dimensões do espaço e do tempo. Mas para sermos realmente livres do medo, devemos olhar profundamente para a dimensão última de nascimento-nenhum e morte-nenhuma. Precisamos nos libertar dessas ideias de que somos o nosso corpo e morremos. É aqui onde descobriremos o lugar do destemor. Esse é o terceiro toque da terra. Aqui está uma meditação guiada para ajudá-lo a se preparar para o terceiro toque.

Inspirando, eu sei que estou inspirando.	*Inspirando*
Expirando, eu sei que estou expirando.	*Expirando*
Inspirando, estou ciente de uma onda no oceano.	*Onda*
Expirando, sorrio para a onda no oceano.	*Sorrio*
Inspirando, estou ciente da água na onda.	*Água na onda*
Expirando, sorrio para a água na onda.	*Sorrio*
Inspirando, vejo o nascimento da onda.	*Nascimento da onda*
Expirando, sorrio para o nascimento da onda.	*Sorrio*
Inspirando, vejo a morte da onda.	*Morte da onda*
Expirando, sorrio para a morte da onda.	*Sorrio*
Inspirando, vejo a natureza sem nascimento da água.	*Água não nascida*
Expirando, sorrio para a natureza sem nascimento da água.	*Sorrio*
Inspirando, vejo a natureza imortal da água.	*Água imortal*
Expirando, sorrio para a natureza imortal da água.	*Sorrio*

Inspirando, vejo o nascimento do meu corpo.	*Nascimento do meu corpo*
Expirando, sorrio para o nascimento do meu corpo.	*Sorrio*
Inspirando, vejo a morte do meu corpo.	*Meu corpo morre*
Expirando, sorrio para a morte do meu corpo.	*Sorrio*
Inspirando, vejo a natureza sem nascimento do meu corpo.	*Natureza sem nascimento do corpo*
Expirando, sorrio para a natureza sem nascimento do meu corpo.	*Sorrio*
Inspirando, vejo a natureza imortal do meu corpo.	*Natureza imortal do corpo*
Expirando, sorrio para a natureza imortal do meu corpo.	*Sorrio*
Inspirando, vejo a natureza sem nascimento da minha consciência.	*Consciência não nascida*
Expirando, sorrio para a natureza sem nascimento da minha consciência.	*Sorrio*
Inspirando, só estou ciente da minha inspiração.	*Inspiração*
Expirando, só estou ciente da minha expiração.	*Expiração*

Eu não sou o meu corpo

Quando eu era um noviço, pensava que esse negócio de ir além do nascimento e morte era algo muito improvável. Eu achava que nunca seria capaz de efetivar isso em uma vida. Mas nascimento e morte são apenas ideias. Tudo o que precisamos fazer é superar essas ideias. Quando eu aprendi isso, percebi que tal feito não era impossível. Vivemos aprisionados nessas duas ideias por tantas vidas.

Agora vemos que somos mais do que nossos corpos. Nós agora vemos que nossa vida não tem uma duração. Não temos limites. Nós experimentamos isso na meditação. Se tivermos sido bem-sucedidos no primeiro e no segundo exercício de Tocar a Terra, esse terceiro toque é tão fácil quanto um jogo infantil.

O terceiro exercício de Tocar a Terra é como um círculo colocado em torno da *linha vertical do tempo* do primeiro exercício e da *linha horizontal do espaço* do segundo exercício. No primeiro exercício, nós nos libertamos da visão de que existimos separados dos nossos ancestrais e dos nossos descendentes; nós nos libertamos da noção de tempo. No segundo exercício, nós nos libertamos da visão de que existimos separados dos Budas, dos bodisatvas, dos Grandes Seres, dos seres sofredores, dos animais, plantas e tudo o mais; nós nos libertamos da nossa ideia de espaço. Desta vez, nós tocamos a Terra e nos libertamos da visão de que somos nosso corpo e que estamos sujeitos ao nascimento e à morte.

Geralmente, pensamos que somos nosso corpo. Nós achamos que quando o nosso corpo se desintegra, nós nos desintegramos. Buda explicou claramente que não somos esse corpo.

Eu costumo perguntar aos meus amigos mais jovens, que ainda não completaram 30 anos: "Onde você estava em 1966, quando eu saí do Vietnã?" Eles não podem responder que ainda não existiam. Eles têm que ver que estavam por perto, em seus pais e avós.

Você pode usar as seguintes palavras para guiar sua prática inicial do terceiro exercício:

"Tocando a Terra, eu largo a ideia de que sou esse corpo e que o meu tempo de vida é limitado." (De pé diante do seu objeto preferido, visualize-o por um breve período antes de Tocar a Terra.)

Eu vejo que esse corpo, composto de quatro elementos, não é realmente eu e não estou limitado a esse corpo. Faço parte de uma corrente de vida dos ancestrais espirituais e consanguíneos, que por milhares de anos fluiu até o presente e por milhares de anos continua a fluir em direção ao futuro. Eu sou uno com meus ancestrais. Eu sou uno com todas as pessoas e todos os seres, estejam eles tranquilos e destemidos ou sofrendo e com medo. Neste momento, estou presente em todos os lugares deste planeta. Eu também estou presente no passado e no futuro. A desintegração desse corpo não me atinge, do mesmo modo quando a flor de ameixa cai, isso não significa o fim da ameixeira. Eu me vejo como uma onda na superfície do oceano. Minha natureza é a água do oceano. Eu me vejo em todas as outras ondas e vejo todas as outras ondas em mim. A aparição e o desaparecimento da forma da onda não afetam o oceano. Meu corpo do darma e minha vida de sabedoria não estão sujeitos ao nascimento e à morte. Eu vejo a minha presença diante do meu corpo manifesto e após o meu corpo ter se desintegrado. Mesmo nesse momento, eu vejo como existo em outro lugar que não é este corpo. 70 ou 80 anos não é o meu tempo de vida. Meu tempo de vida é ilimitado, assim como o tempo de vida de uma folha ou de um Buda. Eu fui além da ideia de que sou um corpo que existe separado no espaço e no tempo.

Aqueles entre vocês que tocaram profundamente esses fenômenos na dimensão do espaço e do tempo serão capazes de entrar em contato com a dimensão suprema. Depois de ter tocado a onda, você aprende a tocar a água.

Nenhuma separação

Buda disse que a natureza da sua realidade é uma natureza que não nasce e não morre; não chega e não parte; não existe nem inexiste; não é igual nem é diferente. Esse ensinamento soa como se contradissesse o ensinamento de que tudo o que nasce deve morrer, o ensinamento de que nós não podemos escapar da morte, da doença e do envelhecimento. Pratique contemplando profundamente. Você vai perceber que o nascimento é uma noção, a morte é uma noção, chegar é uma noção, partir é uma noção, ser é uma noção e não ser também é uma noção. Nós temos que abandonar todas essas noções relativas à realidade para entrarmos em contato com a realidade suprema, ou *tathātā*.

"*Tathātā*" é um termo técnico, significa que a realidade é como é. Você não pode falar coisa alguma sobre a realidade; você não consegue descrevê-la. Você pode dizer que Deus é a realidade suprema e qualquer coisa que possa ser dita sobre Deus está errada. Não há noção ou ideia sobre Deus que consiga descrevê-lo. Com o Nirvana acontece o mesmo. Nirvana significa remover todas as noções e conceitos para que a realidade possa se revelar totalmente a você. Na dimensão histórica, observando uma onda, podemos falar sobre o nascimento da onda, a morte da onda, a onda como alta ou baixa, mais ou menos bonita, essa ou aquela onda, e assim por diante. No que diz respeito à dimensão última, a água, todos os adjetivos, todas as ideias que você usa para descrever a onda, deixam de ser válidos. Não há nascimento, não há morte; não há esta nem aquela; nem alto nem baixo; nem mais bonito, nem menos bonito. A onda não precisa morrer para se tornar água. A onda já é água neste exato momento.

Pratique isso agora para não se sentir separado do seu amado ou da sua amada quando ele ou ela morrer. Se tiver uma compreensão profunda, você não se sentirá abandonado. Todo dia eu observo profundamente tudo o que está ao meu redor: as árvores, as colinas, meus amigos. Eu me vejo em todos eles e sei que não vou morrer. Continuarei de muitas outras formas. Quando os meus amigos olharem para mim, devem me ver em formas que são diferentes deste corpo visível. Essa prática diária irá ajudá-los a não chorar quando chegar o momento em que minha atual manifestação desaparecerá. Para que, quando esta manifestação desaparecer, ela deixe espaço para o surgimento de outras manifestações.

NOVE
Acompanhando o doente terminal

Anathapindika era um discípulo leigo muito querido de Buda. Ele era do Reino de Kosala, norte do Rio Ganges, no sopé do Himalaia. Anathapindika era um comerciante e empresário respeitado e de sucesso. Ele era amado por seus compatriotas, pois tinha um coração generoso. O verdadeiro nome dele era Sudatta, mas ele recebeu o título honorífico de Anathapindika, que significa "aquele que cuida dos destituídos". Isso em apreciação pelos seus incansáveis esforços em apoio aos pobres, órfãos e sem-teto.

Certo dia, quando estava com cerca de 30 anos, ele viajou a negócios ao Reino de Mágada, onde Buda também estava hospedado. Quando chegou a Mágada, primeiro, ele foi visitar sua irmã mais nova e o marido dela, que na época estavam morando lá. E ficou surpreso por não ter sido recebido com a cerimônia e atenção habituais. Quando perguntou a irmã por que ela não estava lhe dando nenhuma atenção, a irmã lhe respondeu que toda a família estava ocupada se preparando para receber um professor maravilhoso chamado Buda. Ao ouvir o nome "Buda", ele ficou muito curioso, e perguntou à irmã: "Quem é esse?" Ela falou sobre Buda de maneira tão respeitosa que inspirou Anathapindika a querer conhecer Buda o mais rápido possível.

No início do dia seguinte, Anathapindika foi ao Mosteiro do Bosque de Bambu, onde o Buda estava palestrando. A palestra o emocionou profundamente. Curvando-se para reverenciar a terra, Anathapindika convidou Buda a vir à sua cidade natal para compartilhar o ensinamento e praticar com seus amigos e familiares.

Embora esse fosse somente o terceiro ano do ministério de Buda, ele já contava com mais de 1.200 discípulos monges. Entre os monges que o acompanhavam nas viagens estava o Venerável Shariputra. Antes de se tornar discípulo de Buda Shariputra já era um conhecido mestre espiritual. E, quando Shariputra tornou-se discípulo de Buda, todos os irmãos e discípulos mais jovens do Darma juntaram-se a ele.

Buda aceitou o convite de Anathapindika para ir à Shravasti, que era a capital do Reino de Kosala. Anathapindika prosseguiu nos preparativos para a visita de Buda. Ele precisava de um monge que o acompanhasse até sua casa para ajudar. Buda pediu ao Venerável Shariputra, muito talentoso em fundar comunidades, para ir junto com ele.

Shariputra e Anathapindika, um monge e um leigo, logo se tornaram amigos muito íntimos.

Algumas pessoas pensam que só monges podem estar perto de monges e que só leigos podem estar perto de leigos. Mas isso não é verdade. Se ambos: monges e leigos estiverem motivados pelo desejo profundo de praticar os treinamentos da atenção consciente e a contemplação profunda, eles podem ser amigos muito íntimos, colaboradores e copraticantes. Não há discriminação. Um monge pode ser um bom monge, um leigo pode ser um bom leigo, e eles também podem ser amigos íntimos.

Anathapindika queria ofertar uma gleba de terra onde Buda pudesse construir um mosteiro em Kosala. Depois de procurar muito, ele percebeu que só havia um lugar suficientemente belo. Era um parque encantador, que pertencia ao Príncipe Jeta, um membro da família real de Kosala. Como Anathapindika era muito rico, ele achava que poderia convencer o príncipe a vender aquela propriedade para ele. O príncipe havia plantado naquelas terras muitas árvores belas, por isso era muito mais do que uma gleba de terra – parecia um paraíso. Quando Anathapindika foi até o príncipe e pediu para comprar a terra, o príncipe recusou. Anathapindika ofereceu mais dinheiro, e mesmo assim o príncipe recusou. No final Anathapindika disse: "Quanto você quer pela terra? Estou pronto para pagar qualquer quantia". O príncipe respondeu: "Se você puder cobrir toda a terra com folhas de ouro, então eu a venderei para você". Quando o príncipe disse isso, ele estava realmente brincando. Ele não acreditava que Anathapindika aceitaria sua proposta, mas este aceitou.

Anathapindika logo trouxe uma quantidade suficiente de folhas de ouro para cobrir todo o terreno. O príncipe ainda não quis vendê-lo, mas seus conselheiros disseram: "Você deve vendê-lo. Você é um príncipe da família real. Você já deu a sua palavra e não pode quebrá-la".

O Príncipe Jeta não conseguia entender como um professor espiritual podia ser tão extraordinário, e como Anathapindika podia respeitá-lo e amá-lo tanto, a ponto de pagar uma quantia tão exorbitante para comprar uma área de terra a fim de dar a ele de presente. As pessoas disseram ao príncipe que aquele jovem professor, Buda, estava totalmente desperto e que seus ensinamentos e sua compaixão estavam além de qualquer comparação. Vendo a grande fé e admiração de Anathapindika, e pouco antes de ele ter coberto toda a gleba de terra, o Príncipe Jeta o deteve e disse: "Você já me deu muito ouro. Isso basta. Eu quero oferecer ao Buda as árvores que plantei na terra como um presente meu para ele". Por isso o lugar é chamado Bosque Anathapindika Jeta. Aquela terra foi comprada e ofertada ao Buda por Anathapindika, mas as árvores foram dadas pelo Príncipe Jeta. Buda amava muito esse parque e passou 20 retiros anuais de estação chuvosa lá, consecutivamente. Você ainda pode visitar o parque e ver as atrações arqueológicas remanescentes dos antigos mosteiros budistas.

Durante todos os anos seguintes ao seu encontro com Buda, Anathapindika continuou seu trabalho de ajudar os pobres e apoiar Buda, o Darma e a Sanga. Ele era o bom amigo de Buda como era o rei de Kosala.

Anathapindika tinha uma família formidável e sua esposa e os dois filhos também se tornaram alunos de Buda. A família inteira ia todas as semanas ao Jetavana ouvir palestras do Darma e desfrutar práticas da atenção plena. Muitas vezes, Anathapindika levava colegas empresários para conhecer Buda e receber seus ensinamentos. Em uma ocasião famosa, ele levou mais de 500 empresários ao Jetavana, onde Buda deu uma palestra do Darma sobre a prática da atenção plena para leigos. A maioria dos amigos de Anathapindika aceitava os cinco treinamentos de atenção plena. Durante toda sua vida, Anathapindika apoiou Buda, o Darma e a Sanga com muito prazer e alegria.

Mesmo tendo experimentado muitos sucessos ao longo da vida, Anathapindika também passou por muitos momentos difíceis na vida. Certa vez, ele perdeu toda sua fortuna; mas, com a ajuda de funcionários e amigos, conseguiu reconstruir seus negócios e riqueza.

35 anos após o seu primeiro encontro com Buda, Anathapindika ficou muito doente. Quando soube disso, Buda foi visitá-lo e o estimulou a praticar respirando conscientemente enquanto estivesse acamado. Buda então encarregou o Venerável Shariputra de cuidar bem do seu velho amigo.

E pediu a Shariputra que permanecesse em Kosala com Anathapindika a fim de ajudá-lo a morrer em paz.

Quando Shariputra soube que Anathapindika estava prestes a morrer, ele pediu ao Venerável Ananda, seu irmão mais novo no Darma, para ir junto com ele ver o seu velho amigo. Ananda era primo de Buda e tinha memorizado todas as palestras do Darma proferidas por Buda. Ele é uma das principais razões pelas quais hoje dispomos dos ensinamentos de Buda.

Após terminar a ronda de mendicância diária, eles dois foram à casa de Anathapindika. Quando os dois monges chegaram, Anathapindika, que precisava muito deles nesse momento difícil, ficou feliz ao vê-los. Ele fez o possível para se sentar e cumprimentá-los de maneira adequada, mas não conseguiu de tão fraco que estava.

Shariputra disse a ele: "Meu querido amigo, não tente se sentar; fique deitado simplesmente que nós vamos trazer duas cadeiras e nos sentar perto de você". Então, Shariputra perguntou: "Caro amigo, como você se sente no seu corpo? Você sente dor? Se sim, está aumentando ou diminuindo?"

Anathapindika respondeu: "Caro amigo, a dor em meu corpo não parece estar diminuindo. Parece estar aumentando o tempo todo".

Então Shariputra disse: "Nesse caso, eu sugiro que pratiquemos uma meditação guiada nas Três Joias". Ele começou a guiar uma meditação sobre Buda, Darma e

Sanga, com o apoio do Venerável Ananda sentado ao seu lado. Shariputra era considerado um dos discípulos monásticos mais brilhantes de Buda. Ele era como o braço direito de Buda. Ele era o irmão mais velho de milhares de monges e monjas. Ele sabia que Anathapindika tinha servido Buda, o Darma e a Sanga com muito prazer ao longo dos anos. Ele também sabia que para Anathapindika essa meditação regaria sementes de felicidade nele naquele momento difícil.

Ele compartilhou com Anathapindika a prática de lembrar-se da natureza maravilhosa de Buda, do Darma e da Sanga. Em apenas cinco ou seis minutos, a dor que Anathapindika sentia por todo o corpo diminuiu, enquanto as sementes de felicidade nele eram regadas. Seu equilíbrio foi restaurado. Anathapindika sorriu.

Regar sementes de felicidade é uma prática muito importante para os enfermos ou doentes terminais. Todos nós temos sementes de felicidade em nós e, nos momentos difíceis quando estivermos doentes ou morrendo, deve haver um amigo sentado ao nosso lado para nos ajudar a tocar internamente as sementes da felicidade. Caso contrário, as sementes de medo, arrependimento ou desespero podem facilmente nos dominar.

Quando Anathapindika foi capaz de sorrir, Shariputra viu que o equilíbrio entre a alegria e a dor havia sido restaurado nele. Ele convidou Anathapindika para continuar a meditação guiada. Ele disse: "Caro amigo, por favor, pratique junto comigo e Ananda assim: '*Inspirando, vejo que este corpo não sou eu. Expirando, não estou aprisionado neste corpo. Eu sou a vida sem limites. Eu nunca nasci e nunca morrerei*'".

Quando você está prestes a morrer, pode ser que não esteja muito consciente do seu corpo. Pode ser que sinta dormência, mesmo assim, você está aprisionado à ideia de ser esse corpo. Você está aprisionado à noção de que a desintegração desse corpo é a sua própria desintegração. Por isso, está amedrontado. Você tem medo de estar se transformando em nada. A desintegração do corpo não pode afetar a verdadeira natureza da pessoa que está morrendo. Você tem que explicar àquela pessoa que ela é a vida sem limites. Esse corpo é apenas uma manifestação, como uma nuvem. Quando uma nuvem deixa de ser uma nuvem, ela não se perde. Ela não se transformou em nada; ela se transformou e tornou-se chuva. Portanto, não devemos nos identificar com o corpo. "*Este corpo não sou eu. Eu não estou aprisionado neste corpo. Eu sou a vida sem limites*".

De fato, nós temos que começar essa prática com os nossos olhos, ouvidos, nariz, língua, corpo e mente: "*Estes olhos não sou eu. Eu não estou aprisionado nestes olhos. Eu sou a vida sem limites. Estes ouvidos não sou eu. Eu não estou aprisionado nestes ouvidos. Eu sou vida sem limites. Este nariz não sou eu, não estou aprisionado neste nariz e sou vida sem limites*". Essa prática nos ajuda a não nos identificarmos com nossos olhos, ouvidos, nariz, língua e corpo. Exploramos cada consciência sensorial e cada órgão dos sentidos para que possamos ver que não somos eles. Somos muito mais do que a manifestação de nossos órgãos dos sentidos. A cessação das manifestações não nos afeta.

Depois observamos e vemos o que mais podemos pensar que seja nossa identidade. Além do corpo e dos sentidos estão *os cinco agregados*: forma, sentimentos, percepções, formações mentais e consciência. Temos que contemplar profundamente cada um e dizer: "*Eu não sou estes fenômenos*". As percepções, os sentimentos, as ideias vêm e vão. Eles não podem ser eu. Tal como as percepções, os sentimentos e as formações mentais, a consciência é apenas uma manifestação. Quando as condições são suficientes, essas manifestações estão presentes. Quando as condições deixam de ser suficientes, essas manifestações deixam de estar presentes. Presentes ou não presentes, essas manifestações não sou eu.

Shariputra guiou Anathapindika por meio das consciências sensoriais e dos cinco agregados, e Anathapindika viu que os sentidos e agregados não eram ele. Então Shariputra começou a guiar uma meditação sobre os Quatro Elementos. Ele disse para Anathapindika: "Querido amigo, vamos continuar nossa meditação. O elemento terra em mim não sou eu. (Aqui 'terra' significa tudo que é sólido: carne, ossos, músculos e órgãos.) O elemento fogo ou o calor para nos mantermos aquecidos e digerir o alimento não sou eu. Eu não estou aprisionado ao elemento fogo ou ao calor em mim. O elemento água em mim não sou eu. Há água em todo lugar e ao meu redor. Eu estou livre do elemento água. O elemento ar em mim não sou eu porque eu sou vida sem fronteiras". Shariputra continuou desse jeito.

Finalmente, Anathapindika foi guiado na meditação sobre o Surgimento Interdependente. "Caro amigo, vamos contemplar mais profundamente. Quando as condições são suficientes, o meu corpo se manifesta. Ele não vem de lugar algum, e após a desintegração, não vai a lugar algum." Quando os fenômenos se manifestam, não podemos realmente chamá-los de existentes. Quando os fenômenos interrompem sua manifestação, não podemos realmente descrevê-los como inexistentes. Estamos livres de noções de chegar, partir, existir, inexistir, nascimento, morte, igual e diferente. Esse tipo de prática e ensinamento são exatamente os mesmos de quando contemplamos uma nuvem, uma chama ou os girassóis.

Quando tinha praticado até esse ponto, Anathapindika começou a chorar. Ananda ficou surpreso. Venerável Ananda era muito mais jovem do que Shariputra, e não foi capaz de ver a transformação e libertação que Anathapindika havia atravessado naqueles poucos momentos. Ele pensou que Anathapindika estava chorando porque estava se arrependendo de algo que ele fez ou por não ter tido sucesso em sua meditação. Ananda perguntou: "Caro amigo, por que você está chorando? Você está arrependido de alguma coisa?"

Anathapindika disse: "Não, Venerável Ananda, eu não estou arrependido de coisa alguma".

Ananda então perguntou: "Talvez sua prática não tenha sido bem-sucedida?"

Anathapindika respondeu: "Não, Venerável Ananda, ela foi muito bem-sucedida".

Ananda perguntou: "Então por que você está chorando?"

Anathapindika respondeu com lágrimas nos olhos: "Venerável Ananda, eu estou chorando porque estou tão sensibilizado. Eu, por 35 anos, servi a Sanga, o Darma e Buda, entretanto, nunca tinha recebido e praticado um ensinamento tão maravilhoso como este que o Venerável Shariputra me transmitiu hoje. Estou tão feliz! Estou tão livre!"

Ananda então disse a ele: "Caro amigo, pode ser que você não saiba, mas nós, monges e monjas, recebemos esse tipo de ensinamento quase todo dia".

Anathapindika sorriu e com uma voz fraca falou calmamente: "Caro Venerável Ananda, por favor, volte ao mosteiro e diga ao Senhor Buda que eu compreendo que muitos leigos estão muito ocupados e que não terão tempo para receber e praticar esse tipo de ensinamento. Mas há muitos entre nós que estão suficientemente livres e disponíveis para receber esse ensinamento e essa prática.

Por favor, peça ao Senhor Buda para compartilhar esse ensinamento e essa prática também com os leigos".

Sabendo que esse era o último pedido de Anathapindika, o Venerável Ananda respondeu: "É claro que vou fazer o que você pede. Vou dizer ao Senhor Buda logo que eu voltar ao Jetavana". Pouco depois da visita dos dois monges, Anathapindika morreu tranquilamente e sem dor.

Essa história está registrada num discurso chamado "Ensinamentos a serem dados aos doentes terminais"[5]. Eu aconselharia a qualquer pessoa capaz a estudá-lo e praticá-lo. Por favor, não espere até que esteja enfrentando o problema da morte para fazê-lo. Por favor, pratique a contemplação profunda agora para tocar sua natureza que não nasce e não morre; não chega e não parte; não é igual nem é diferente. Se fizer isso, você interromperá sua aflição e sofrimento. Se praticar essa meditação com diligência e empenho, você nutrirá o elemento do destemor dentro de si. Você será capaz de morrer feliz e em paz.

É bem possível viver com alegria e morrer em paz. Fazemos isso ao ver que nossa manifestação continua em outras formas. Também é possível ajudar os outros a morrerem em paz se os elementos da solidez e destemor estiverem em nós. Muita gente tem medo de inexistir. Por causa desse medo, sofremos muito. Por isso a realidade de que nós somos uma manifestação e continuação de muitas manifestações deve ser revelada para os moribundos. Assim

---

5 Ibid., 267.

o medo de nascer e de morrer não nos afeta, porque entendemos que nascer e morrer são apenas ideias. Essa é uma visão muito importante que pode nos libertar do medo.

Eu extraí as palavras e ensinamentos do sutra "Dado aos moribundos" no *Anguttara Nikaya* e os transformei numa canção. É uma canção de ninar que pode ser cantada para a pessoa que está se aproximando do seu último suspiro:

> *Este corpo não sou eu.*
> *Eu não estou aprisionado a este corpo,*
> *Eu sou a vida sem limites,*
> *Eu nunca nasci e nunca morri.*
> *Lá adiante o vasto oceano e o céu com*
> *muitas galáxias*
> *Tudo se manifesta a partir da base da*
> *consciência.*
> *Desde tempos sem início, eu sempre fui livre.*
> *Nascimento e morte são apenas uma porta*
> *pela qual entramos e saímos.*
> *Nascimento e morte são apenas um jogo de*
> *esconde-esconde.*
> *Então sorria para mim e pegue minha mão*
> *e acene um até-logo.*
> *Amanhã nos encontraremos de novo ou até*
> *mesmo antes.*
> *Nós sempre estaremos nos reencontrando*
> *na verdadeira fonte,*
> *Sempre nos reencontrando nos inúmeros*
> *caminhos da vida.*

Você pode repetir a primeira linha, "*Este corpo não sou eu*", com "*Estes olhos... Estes ouvidos... Este nariz...*

Esta língua... Esta mente... Estas formas... Estes sons... etc." (p. ex., *Estes olhos não sou eu; eu não estou aprisionado nestes olhos...*).

Cantar essa canção para um doente terminal pode ajudá-lo a se libertar do pensamento de que ele tem uma identidade permanente, conectada a qualquer parte do corpo ou da mente. Todas as coisas compostas se decompõem, mas o nosso eu verdadeiro não desaparece no esquecimento. Esse tipo de meditação guiada nos ajuda a evitar que fiquemos aprisionados na ideia de que somos este corpo, de que somos este pensamento e somos esta emoção. Na verdade, somos nada disso. Nós somos vida ilimitada. Não estamos presos ao nascimento, não estamos presos à morte, não estamos presos à existência ou à inexistência. Assim é a verdadeira realidade.

Então, não viva ocupado demais em seu cotidiano. Por favor, dedique um tempo para praticar. Aprenda hoje a viver feliz, em paz e com alegria. Por favor, aprenda a praticar a contemplação profunda e compreenda a verdadeira natureza do nascimento e da morte, para que você possa morrer em paz e sem medo. Isso é algo que todos podem fazer.

Se você puder praticar para não ter medo, quando algum amigo ou ente querido estiver morrendo, você será capaz de ajudá-lo. Você deve saber o que realmente precisa fazer e o que realmente não precisa fazer. Você é inteligente o suficiente para ter a maestria de usar bem seu tempo. Você não precisa perder tempo fazendo coisas desnecessárias e insignificantes. Você não tem que ser rico. Você não precisa procurar obter fama ou poder. O que você precisa é de liberdade, solidez, paz e alegria. Você precisa de tempo e energia para poder compartilhar essas coisas com os outros.

Nossa felicidade não depende de termos muito dinheiro ou fama. Nossa segurança vem de praticarmos e mantermos os treinamentos da atenção plena. Quando temos os treinamentos da atenção plena, e Buda, o Darma e a Sanga cuidando de nós, ficamos felizes. Os nossos dois olhos ficam brilhantes, nosso sorriso cheio de frescor e os nossos passos estão solidamente no caminho de uma vida livre. Nossa felicidade transborda sobre os que nos rodeiam. Não dedicamos nosso tempo fazendo coisas superficiais. Usamos nosso tempo para praticar, a fim de que a qualidade de nossas vidas seja melhor. Esse é o presente mais precioso que qualquer um de nós pode deixar para os filhos ou netos. É o nosso melhor que podemos compartilhar com nossos amigos. Precisamos de tempo para receber, praticar e aprender sobre os ensinamentos maravilhosos de Buda, como aqueles ensinados a Anathapindika na hora da sua morte.

Ao tomarmos refúgio em nossa família, amigos e comunidade, na Sanga, nós mudamos nosso modo de vida. Temos que viver em paz e com alegria imediatamente, e não esperar o futuro para fazer isso. Temos que estar bem agora mesmo, aqui mesmo, tranquilos e alegres no momento presente. Não há caminho para a felicidade – a felicidade é o caminho.

O ensinamento transmitido por Shariputra deve ser oferecido a todos logo no início da vida. Anathapindika teve muita sorte de receber o ensinamento nos seus últimos momentos. Os fenômenos são impermanentes e não sabemos de antemão quando vamos dar o nosso último suspiro. Pode ser que não tenhamos a mesma sorte de Anathapindika, de ter bons amigos espirituais ao nosso lado, para nos guiar em meditação na hora da nossa morte. Por isso que não devemos esperar até que seja tarde demais. Devemos aprender a prática agora mesmo para que possamos nos guiar.

Uma nova história sobre a morte

No início da década de 1990, eu estava a caminho do Instituto Omega, ao norte de Nova York, para liderar um retiro quando eu soube que um velho amigo nosso estava morrendo em um hospital exatamente ao norte de Nova York. O nome dele era Alfred Hassler. Ele tinha sido diretor da Irmandade de Reconciliação. Em 1966 e 1967, ele e eu tínhamos viajado juntos para muitos países, organizando esforços para pôr um fim na Guerra do Vietnã.

Depois disso, eu não tive mais a permissão de voltar ao Vietnã porque eu tinha falado no Ocidente contra a violação dos direitos humanos por ambas as facções, Norte e Sul, em conflito. Alfred foi ao Vietnã no meu lugar para ajudar a coordenar o trabalho de paz. Ele ajudou dando suporte aos nossos amigos na criação de acampamentos para cuidar dos refugiados e vítimas da guerra. Nós juntos patrocinamos mais de oito mil órfãos. Quando cheguei aos Estados Unidos em 1966, foi a Irmandade de Reconciliação [Fellowship of Reconciliation] que organizou minha primeira excursão de palestras. Naquela turnê, eu clamei pelo fim da guerra no Vietnã.

Quando Irmã Chan Khong e eu chegamos ao hospital, Alfred já estava em coma. Dorothy, sua esposa, e Laura, sua filha, estavam lá com ele. Laura Hassler tinha prestado serviços voluntários conosco no escritório da Delegação Budista pela Paz em Paris, quando ela era bem jovem.

Quando Dorothy e Laura nos viram, ficaram muito felizes. Laura fez o máximo possível para trazer Alfred de volta do coma. "Papai, papai, Thay está aqui! A Irmã Chan Khong está aqui", ela disse. Mas Alfred não voltava; ele estava em coma muito profundo. Eu pedi a Irmã Chan Khong para cantar para ele. Uma pessoa que está prestes a morrer consegue ouvir, mesmo que nós não percebamos isso. Então, Irmã Chan Khong cantou a canção que começa: "Este corpo não sou eu, não estou aprisionado neste corpo, eu sou a vida sem limites, eu nunca nasci e nunca morrerei". Ela cantou isso uma segunda vez e de novo uma terceira vez. No meio da terceira vez, Alfred acordou e abriu os olhos.

Laura ficou tão feliz! Ela disse: "Papai, você sabia que Thay está aqui? Você sabia que Irmã Chan Khong está aqui?" Alfred não conseguia falar coisa alguma. Olhando em seus olhos, nós sentimos que ele sabia que nós estávamos presentes. Irmã Chan Khong começou a conversar com ele sobre as experiências que tivemos trabalhando juntos pela paz no Vietnã: "Alfred, lembra-se da época em que estávamos em Saigon tentando encontrar o monge Tri Quang? Os Estados Unidos tinham decidido bombardear Hanói no dia anterior, e o Venerável Tri Quang ficou tão zangado que prometeu não ver ocidentais, sejam pombas ou falcões".

"Quando você chegou, ele se recusou a abrir a porta. Alfred, você se lembra de que você se sentou lá e escreveu um bilhete que dizia: 'Eu vim como um amigo para ajudar a pôr fim na guerra no seu país, e não como um inimigo. Eu não vou comer nem beber coisa alguma até que você abra a porta para mim!' Você colocou a nota por debaixo da porta. Você se lembra disso? Você disse: 'Eu vou ficar aqui sentado até que você abra a porta'. Você se lembra? Só 15 minutos depois ele abriu a porta. Ele sorriu com um sorriso largo e o convidou para entrar. Alfred, lembra-se do tempo que você estava em Roma, e havia uma vigília conduzida por 300 padres católicos, cada um com o nome de um monge budista que havia sido preso em Saigon por ter recusado o esquema?" Irmã Chan Khong continuava a conversar com ele sobre a felicidade que nós experimentamos durante o tempo em que estávamos trabalhando pela paz. Teve um efeito maravilhoso. Ela tentou fazer exatamente o que Shariputra fez por Anathapindika. Ela estava regando nele as sementes de felicidade. A felicidade de Alfred era composta da sua intenção de servir à paz e acabar com o sofrimento dos outros. Quando essas sementes de felicidade foram regadas, restabeleceu o equilíbrio entre a alegria e a dor nele. Ele sofreu muito menos.

Naquele momento, eu estava massageando os pés dele. Eu estava pensando que, quando uma pessoa está prestes a morrer, pode ser que não esteja muito ciente de seu corpo, pois o corpo está de, alguma forma, entorpecido. Laura perguntou: "Papai, você sabe que Thay está massageando seus pés?" Ele não disse uma palavra, mas olhando nos olhos dele, tínhamos certeza de que ele sabia que estávamos ali. De repente, ele abriu a boca e disse: "Maravilhoso, maravilhoso!" Depois disso, ele entrou novamente em coma e nunca mais voltou.

Naquela noite, eu tive que dar uma palestra de orientação aos participantes do retiro no Instituto Omega. Nós nos despedimos e dissemos a Dorothy e Laura que elas deveriam fazer como Irmã Chan Khong e eu estávamos fazendo: conversar e cantar para Alfred. Na manhã seguinte, recebemos uma mensagem de Dorothy nos dizendo que Alfred tinha morrido bem tranquilo poucas horas depois que saímos.

Pessoas inconscientes têm como nos ouvir se estivermos realmente presentes e em paz enquanto permanecemos ao lado da sua cama. Há dez anos, um estudante universitário que morava em Bordeaux soube que sua mãe estava morrendo na Califórnia e chorou muito. Ele não sabia se sua mãe ainda estaria viva quando chegasse à sua casa na Califórnia. A Irmã Chan Khong lhe aconselhou a viajar imediatamente para a Califórnia e, caso sua mãe ainda estivesse viva quando lá chegasse, que ele deveria praticar tal como Shariputra fez com Anathapindika. Ela recomendou a ele que relembrasse de momentos felizes que mãe e filho tinham vivido juntos; que ele contasse histórias desde quando ela se casou, da sua juventude. Ele deveria contar para a mãe essas histórias com o intuito de alegrá-la, mesmo se não estivesse consciente.

Quando ele chegou ao hospital, a mãe já estava inconsciente. Embora não acreditasse totalmente que uma pessoa inconsciente pudesse ouvir, mesmo assim ele fez como a Irmã Chan Khong o havia instruído. Os médicos lhe disseram que sua mãe estava inconsciente há uma semana e que não tinham esperança de que ela iria recuperar a consciência antes de morrer. Depois de conversar amorosamente com a mãe durante uma hora e meia, ela acordou.

Quando você permanece ao lado da cama de um enfermo terminal e está calmo e totalmente presente – corpo, mente e espírito – você terá êxito em ajudar aquela pessoa a falecer em liberdade.

Alguns anos atrás, Irmã Chan Khong precisou visitar a irmã mais velha no hospital devido a uma complicação após o transplante de fígado. O corpo dela estava rejeitando o fígado depois de dois anos. Ela estava sentindo uma dor terrível. Quando Irmã Chan Khong chegou ao hospital, viu que todos da família tinham perdido qualquer esperança de poder fazer alguma coisa. Embora sua irmã estivesse inconsciente, ela ainda estava se contorcendo, gemendo e gritando com uma dor terrível. Todos os seus filhos se sentiam impotentes, até mesmo a filha que era médica.

Irmã Chan Khong chegou ao hospital com uma fita cassete dos monges e monjas de Plum Village cantando o nome do Bodisatva Avalokiteshvara, o bodisatva da grande compaixão. Embora sua irmã estivesse inconsciente, Irmã Chan Khong colocou a fita cassete no toca-fitas ao lado da cama e, depois de colocar os fones de ouvido nos ouvidos da irmã, aumentou o volume quase ao máximo. Cinco ou seis minutos depois, aconteceu algo impressionante. Sua irmã ficou totalmente calma. Ela não estava mais se contorcendo, gemendo ou gritando. Ela ficou em paz assim até falecer cinco dias depois.

Durante esses cinco dias, a irmã de Irmã Chan Khong continuou ouvindo a recitação do nome do bodisatva. Ela tinha visitado templos budistas muitas vezes e ouvido com frequência a recitação do nome do bodisatva da compaixão. Ouvir novamente em seu leito de morte, regou nela as sementes daquilo que era mais precioso e alegre para ela quando estava viva. Sua vida tinha uma dimensão espiritual e ela tinha fé. Ela ouvia recitações de sutra e ouvia ensinamentos do Darma muitas vezes. A fita cassete tocando o cântico dos monges e monjas alcançou aquelas sementes de felicidade. Eram sementes que os médicos não sabiam como tocar. Qualquer pessoa poderia ter feito o que a irmã Chan Khong fez, mas ninguém havia pensado em fazê-lo.

Nossa consciência é como uma televisão com muitos canais. Quando apertamos um botão no controle remoto, aparece o canal que escolhemos. Quando ficamos ao lado da cama de uma pessoa que está morrendo, temos que saber qual canal acessar. As pessoas mais próximas daquela pessoa prestes a morrer estão na melhor posição para fazer isso. Se vocês estiverem acompanhando algum doente terminal, usem os sons e imagens da vida daquela pessoa que poderão regar as sementes da sua maior felicidade. Na consciência de todos existem sementes da Terra Pura e do Nirvana, do Reino de Deus e do paraíso.

Se soubermos praticar e penetrar a realidade que não nasce e não morre, se compreendermos que chegar e partir são apenas ideias, e se nossa presença for sólida e pacífica, podemos ajudar a pessoa que está morrendo. Nós podemos ajudar a pessoa a não ter medo e a não sofrer tanto. Podemos ajudá-la a morrer em paz. Podemos nos ajudar a viver sem medo e a morrer em paz. Podemos nos ajudar a entender que não há morte. Ver que não há morte e não há medo. Só há continuação.

Thich Nhat Hanh é o líder espiritual de comunidades de retiros no Sudoeste da França (Plum Village), Vermont (Green Mountain Dharma Center), e na Califórnia (Deer Park Monastery), onde monges, monjas, leigos e leigas praticam a arte de viver em atenção plena. Os visitantes são convidados a participarem das práticas por uma semana, no mínimo. Para mais informação, escreva para:

Plum Village
13 Martineau
33580 Dieulivol
França

NH-office@plumvillage.org (para mulheres)
LH-office@plumvillage.org (para mulheres)
UH-office@plumvillage.org (para homens)
www.plumvillage.org

Para obter informações sobre nossos mosteiros, centros de práticas da atenção plena e retiros nos Estados Unidos, por favor, entre em contato com:

Green Mountain Dharma Center
P.O. Box 182
Hartland Four Corners, VT 05049
Tel.: (802) 436-1103
Fax: (802) 436-1101
MF-office@plumvillage.org
www.plumvillage.org

Deer Park Monastery
2499 Melru Lane
Escondido, CA 92026
Tel.: (760) 291-1003
Fax: (760) 291-1172
deerpark@plumvillage.org

CULTURAL

Administração – Antropologia – Biografias
Comunicação – Dinâmicas e Jogos
Ecologia e Meio Ambiente – Educação e Pedagogia
Filosofia – História – Letras e Literatura
Obras de referência – Política – Psicologia
Saúde e Nutrição – Serviço Social e Trabalho
Sociologia

CATEQUÉTICO PASTORAL

Catequese – Pastoral
Ensino religioso

TEOLÓGICO ESPIRITUAL

Biografias – Devocionários – Espiritualidade e Mística
Espiritualidade Mariana – Franciscanismo
Autoconhecimento – Liturgia – Obras de referência
Sagrada Escritura e Livros Apócrifos – Teologia

REVISTAS

Concilium – Estudos Bíblicos
Grande Sinal – REB

PRODUTOS SAZONAIS

Folhinha do Sagrado Coração de Jesus
Calendário de mesa do Sagrado Coração de Jesus
Agenda do Sagrado Coração de Jesus
Almanaque Santo Antônio – Agendinha
Diário Vozes – Meditações para o dia a dia
Encontro diário com Deus
Guia Litúrgico

VOZES NOBILIS

Uma linha editorial especial, com importantes autores, alto valor agregado e qualidade superior.

VOZES DE BOLSO

Obras clássicas de Ciências Humanas em formato de bolso.

CADASTRE-SE
www.vozes.com.br

EDITORA VOZES LTDA.
Rua Frei Luís, 100 – Centro – Cep 25689-900 – Petrópolis, RJ
Tel.: (24) 2233-9000 – Fax: (24) 2231-4676 – E-mail: vendas@vozes.com.br

UNIDADES NO BRASIL: Belo Horizonte, MG – Brasília, DF – Campinas, SP – Cuiabá, MT
Curitiba, PR – Fortaleza, CE – Goiânia, GO – Juiz de Fora, MG
Manaus, AM – Petrópolis, RJ – Porto Alegre, RS – Recife, PE – Rio de Janeiro, RJ
Salvador, BA – São Paulo, SP